职业素养实践活动教程

朱慧群◎主编

中国铁道出版社有限公司
CHINA RAILWAY PUBLISHING HOUSE CO., LTD.

内容简介

本书强调职业素养训练、学做结合的教学原则，以“提高职业素养，成就技能人生”为主线，开发了一套菜单式主题实践活动。全书共设走近职业、遵规明责、明礼守信、尊职敬业、融入职场五大主题20个活动。书中的每一个活动均以职业素养培养为目标，力求使学生在活动的实践过程中学会学习，树立职业理想，培养职业道德、职业精神和职业意识，修炼个人修养、社会关爱、家国情怀，塑造良好的职业形象和职业心态，使职业素养内化于心、外化于形，以提升我国劳动者的整体素质。

本书内容结合企业实际，整体框架科学，活动形式新颖，适合作为职业院校开展职业素养教育的教材，也可作为院校开展德育拓展实践活动的参考用书。

图书在版编目（CIP）数据

职业素养实践活动教程/朱慧群主编．—北京：中国铁道出版社有限公司，2020.12

ISBN 978-7-113-27415-3

Ⅰ.①职… Ⅱ.①朱… Ⅲ.①职业道德－教材 Ⅳ.①B822.9

中国版本图书馆CIP数据核字(2020)第230862号

书　　名：职业素养实践活动教程
作　　者：朱慧群

策　　划：邬郑希　　**编辑部电话**：(010) 63551926
责任编辑：邬郑希　贾淑媛
封面设计：刘　颖
责任校对：张玉华
责任印制：樊启鹏

出版发行：中国铁道出版社有限公司（北京市西城区右安门西街8号　邮政编码：100054）
网　　址：http://www.tdpress.com/51eds/
印　　刷：中煤（北京）印务有限公司
版　　次：2020年12月第1版　2020年12月第1次印刷
开　　本：787 mm×1 092 mm 1/16　印张：10　字数：241千
书　　号：ISBN 978-7-113-27415-3
定　　价：35.00元

前　言

为深入贯彻全国教育大会精神，落实《国家中长期教育改革和发展规划纲要（2010—2020 年）》关于新时代职业教育的基本要求，以立德树人为根本任务，培养目前经济社会所需的高素质和高技能人才，职业院校需进一步探索新形势下德育工作的新途径、新方法，不断提升学生的职业素养，以适应越来越多的用人单位对人才需求的转变，以及对劳动者职业素养提出的更高要求。

为此，上海市第四期班主任带头人朱慧群工作室的全体班主任们以“提高职业素养，成就技能人生”为主线，本着“实践性、多样性”的特点，开发了一套菜单式职业素养主题实践活动。从学生入校时的“走近职业”，围绕“遵规明责”“尊职敬业”“明礼守信”到最后“融入职场”五大主题，共计 20 个活动 60 个任务，使学生在活动实践过程中不断正确认识自我，激发自我教育意识，引导学生树立职业理想，培养职业道德、职业精神和职业意识，从而形成良好的职业素养和职业行为习惯，培养自我调控、挫折承受、环境适应的能力及良好的个性心理发展，帮助学生将职业素养内化于心、外化于形，使学生更自信、自立、自强，最终展翅高飞。

本书所开发的主题活动，是由师生共同走出课堂，走出校园，走进社会，以学生为主体，教师为主导，结合学生的学习、成长发展需求及职业素养培养需求等进行综合分析，确定活动主题，并由学校、家庭、企业、社区共同参与、共同完成的活动。它不同于传统的主题活动，主要特色体现在以下几个方面。

（1）活动主题菜单式。教师可根据自己学生的发展特点适时选择本书中相应的主题活动作为参考，任意选用或组合，发动学生在现有基础上改造与创新，重新收集资料、设定目标，开发更为贴合自己发展的主题作为子菜单，使主题活动变得更具灵活性、时代性和延伸性。

（2）活动方式实践性。表现在学生的人人参与、主动探究、体验、操作性学习等，在主题实施过程中需要学生经历不同的活动方式，才能使活动更加深入和完善。

（3）活动过程岗位化。主要体现在书中的每一个活动均以企业岗位人才需求为活动目标，以工作过程设计活动过程，引导学生模拟职场开展需求分析、制订活动方案、设计活动实施计划，活动的难度可深可浅，时间可长可短，具体可根据学生本职业岗位需求灵活选择或再设计。

（4）活动评价多元性。活动结束后可根据不同的活动主题、活动方式，邀请不同的企业导师模拟评审会进行综合评价，以保证评价的多元性和客观性，做到以评促教，实现活动职业化、素养岗位化。

收集到本书中的 20 个活动虽然只是众多精彩主题活动中的一小部分，但经过实践的检验后，变得更具代表性，对培养学生社会责任感，帮助学生完善人格，建立正确的人生观、世界观、价值观具有重要的意义。不仅改变了教师单一的说教灌输方式和学生单一的获取方式，同时，在活动参与的过程中，师生教学相长，共同进步，促进了学校良好校风的形成，为学生“学会认知，学会做事，学会与人和谐相处”提供了可行性，同时也凸显了德育的时代性、实效性。

本书由朱慧群主编，参与编写的人员有：葛丽静、郭君英、李吉、刘博、苏艳、王立群、叶朕、张存璞、周飚、周海艳。

本书在编写及主题活动的实践过程中，离不开上海市教委德育处、上海市教委职教处、上海市中职德育专委会、上海市中职班主任培训基地、上海市材料工程学校和其他兄弟学校的大力支持，并得到了上海市第四期班主任带头人朱慧群工作室老师所在学校领导以及相关企业和社区领导的指导和帮助，在此，一并表示由衷的感谢！本书在编写过程中还借鉴和参考了许多专家学者的理论和观点，并引用了相关的文献资料与案例，这里不能一一注明，在此也向他们致以衷心的感谢！

作为一本来自于实践又将运用于实践的活动教程，其中的每一个活动都饱含着我们每一位班主任对学生成人、成才的殷切希望。全书围绕立德树人的根本任务，立足学生的发展需求，遵循德育工作的规律，精心设计、实践、反思和总结，使其更具可借鉴与操作性。愿同行们喜欢它，也期待着你们的指导。限于编者的经验和水平，书中难免存在疏漏和不足之处，恳请读者提出宝贵意见和建议，以便进一步修订完善。

编　者

2020 年 8 月

目　录

未来已来
VIRTUAL REALITY

第一篇

走 近 职 业

主题活动一：亲近校园　从心启航

人的一生就是追求梦想的过程，然而梦想有时离我们很近，有时似乎又遥不可及。有时，你是不是感到很茫然？不知道未来的路是怎样的，不知道自己的专业是否和自己想象的一样，甚至不知道自己将来的职业是什么样的。相信老师一定会很好地帮助你解答你的疑问，帮助你在这一张张空白的纸上勾绘出一幅幅符合你特质的图案。为此，老师将带着你通过系列主题活动，快速熟悉校园，融入新环境，更好地了解所学专业以及就业前景，找出理想与现实的距离，在优秀学长、行业达人等一个个励志故事中，激励自己为实现理想目标而努力奋斗。

活动目标

1.通过设计校园参观路线，助你尽快融入新生活，养成热爱学校的情感和主人翁意识。同时也提高个人的观察能力、通过多种途径获取信息的能力，提升个人的信息素养。

2.通过队旗和宣传语的设计，提升个人的审美意识和规则意识。

3.通过模拟引导员解说，了解形象礼仪规范，理解服务意识，提高个人的口头表达能力和语言综合运用能力。

4.通过收集与所学专业相关的信息资料，养成善于发现、善于思考的学习品质和参与活动的积极性，感受与他人协作交流的乐趣。

5.通过走访企业，学会大方、大胆地提出问题，提升应急反应能力，激发个人热爱专业、树立学好专业的自信心。

活 动 安 排

活动名称	活动主要内容	活动时长
融入校园新生活	熟悉新校园	3周
	设计校园参观路线	
	说说我们的校园	
专业，未来的奠基石	我的专业我认识	3周
	我的专业我了解	
	我的专业我代言	

活动一　融入校园新生活

活动描述

初入我校的你，来到了一个全新的学习生活环境，你一定充满着新鲜感和好奇感：学校体育馆在哪？校医务室在哪？实验室在哪？班主任的办公室在哪？学校有几个餐厅？哪个餐厅有我喜爱的食物？班级的同学们来自哪里？宿舍几点熄灯？一系列问题有待你去熟悉和了解。因此，你必须积极调整好个人与环境、个人与同学之间的关系，才能融入新环境，适应新学校、新生活，学好新知识。

活动过程

【任务一】熟悉新校园

每年学校都开展校园开放日活动，届时许多倾慕于我校的学弟、学妹将会过来参观体验，在你熟悉新环境后，作为学长，接到的任务是带领学弟、学妹参观学校、介绍学校特色。为了圆满完成任务，下面让我们一起来行动吧。

填一填，你是通过哪些渠道了解学校的？

提示：

可以单独完成，也可以通过小组合作完成。

序号	了解学校的渠道或方法	获取了哪些资源信息
1		
2		

续表

序号	了解学校的渠道或方法	获取了哪些资源信息
3		
4		
……		

【任务二】设计校园参观路线并配上解说词

汇总整理收集到的相关信息，由各小组模拟导游制作队旗和宣传语，共同策划设计校园参观路线和介绍解说词。

1. 请各小组设计自己组的队旗和宣传语。

提示：

- 队旗设计中隐含了很多的规则，首先是要表现出小组特色，通过合理的图形及其色彩的应用，体现积极向上的青春活力。
- 根据应用的场合，考虑设计元素。

队旗和宣传语

2. 请各小组设计一条校园参观路线，并绘制成图，图中需标明主要建筑物名称。

提示：

- 设计的参观路线能展示校园特色。
- 绘制的校园路线图注意色彩的搭配和运用。

3. 请各小组为自己设计的校园参观路线图配上对应的解说词，解说词要求简洁明了、突出校园特色。

提示：

- 可以摘录校园宣传片中相关介绍词。
- 可以从网络搜集有关景点导游词作为参考。

【任务三】说说我们的校园

我们已经设计好了各自团队的队旗、宣传语，也准备好了解说词，那就让我们一起来演练一下吧。

各小组选派一名解说员，以“说说我们的校园”为主题开展模拟解说。

提示：

- 各小组可以选择在校园实地解说，也可以选择自己喜欢的解说方式在教室内进行展示，比如做资料卡、海报、PPT演示等。
- 解说要求普通话标准，形象礼仪规范。
- 各组解说完后，班长收集汇总大家的解说资料，纸质材料张贴于学校学生园地等宣传栏，电子材料运用校园多媒体平台进行展播。

说说我们的校园

小组名		组长	
组员			
展示方式： 海报□ 资料卡□ PPT □ 微视频□ 校园实地解说□ 其他：________			
小组展示的创意：			
要做好校园引导员，我们需要做到： 事先熟悉校园□ 信息沟通畅通□ 信息收集全面□ 会信息筛选□ 准时□ 团队合作□ 礼仪□ 礼貌用语□ 会表达□ 其他：________			

活动二　专业，未来的奠基石

活动描述

当你在填报入学志愿时，发现有很多学校，每个学校又有很多专业供你选择，如汽车检测与维修、建筑工程设计、艺术设计、数字媒体技术、医学护理、学前教育、金融财会等，你可能通过校园体验日、上网等途径了解后才会最终选择现在学校的这个专业。

但若要细问你：你为什么选择这个专业？你对专业了解有多少？你是否热爱本专业？你有哪些专业特长？本专业的就业情况如何？你可能很难回答。对于刚踏入校园的你来说，可能对自己即将学习的专业并不是很熟悉，对于专业课和以后工作的岗位都基本处于未知的状态，下面让我们带着这些问题一起来揭开所学专业的面纱，寻求专业和现实的结合点，找准专业在现实中的应用，明确自己在三年的学习中要做好哪些准备，这样才能发挥自己的特长和优势，提高对专业学习的兴趣。

活动过程

【任务一】我的专业我认识

在现今这个竞争日益激烈的社会，就业压力大，对于毕业后如何找到适合自己的工作，大部分同学处于迷茫状态。俗话说，早起的鸟儿有食吃。从入学开始，我们就应该明确自己所学专业的内容、就业方向和人才需求情况，多听取老师的意见和学长学姐的经验，才能选择适合自己的发展方向，并为实现心中的目标而努力奋斗。

1. 请拟定一份采访相关领导或专业课老师的访谈提纲，完成采访并填写采访记录单。

提示：

- 明确采访目的。
- 提前预约采访的领导和专业课老师。
- 访谈中需注意着装和仪表，态度大方，要文明礼貌，措辞得体。

采访记录单

采访主题			
采访者		被采访者	
采访时间		采访地点	
访谈纪要	1. 2. 3. 4. 5. 6. 7. 8. ……		
对采访内容的分析			
备注			

2. 采访信息汇总，归纳总结你所学专业的课程培养目标和要求。

专业课程培养目标和要求

序号	专业课程名称	培养目标	相关要求
1			
2			
3			
4			
5			
6			
7			
8			
⋮			

【任务二】我的专业我了解

十六七岁的我们向往着走向职业、走向社会、走向成功。下周我们将开展“我和我的专业”微论坛，邀请学校有关领导、专业课老师、往届优秀毕业生、行业导师等，通过微论坛或答记者问的方式，对同学们提出的一些与专业学习相关的问题进行回答和探讨。

请同学们提前拟定 8~10 个问题作为论坛聚焦点，论坛结束后将专业能力、职业素养等需求进行分析汇总。

提示：

- 推选微论坛主持人1名，男生女生均可。
- 由于是第一次开展论坛，可以邀请老师担任论坛主持人，为同学们做示范。

专业岗位能力、素养需求分析表

专业名称	____________________（此处填写你目前所学专业名称）
毕业去向	
就业岗位群	
需具备的资格证书	
需具备的职业能力	
需储备的职业素养	

注：此表也可以以思维导图的形式呈现。

【任务三】我的专业我代言

下周学校将开展校园开放日活动，届时许多倾慕于我校的学弟、学妹将会过来参观体验，作为学长的我们，接到的任务是每个专业推选一名专业代言人，代表本专业开展专业特色介绍服务。为了圆满完成任务，我们将开展“我和我的专业”演讲比赛，选出一名最佳代言人承担此次任务。

请同学们为“我和我的专业”演讲比赛设计一份活动方案策划书。

提示：

活动方案策划书需包含：活动主题、活动背景、活动目标、活动对象、主办方名称、活动时间、活动地点、比赛形式、参赛要求、评分细则、奖项设置、比赛流程等要素。

“我和我的专业”演讲比赛活动策划方案

活动评价与总结

评价项目	具体内容	评价等级		
		☆☆☆	☆☆	☆
知识积累	演讲的基本礼仪和技巧			
	讲解员基本礼仪和技巧			
	采访技巧和注意事项			
	会议、论坛的筹备和开展流程			
	活动策划方案撰写			
能力增长	能够主动与小组成员配合，协作完成小组任务			
	能够围绕自己的工作与他人进行有效的沟通交流，大胆表达自己的观点，倾听同伴的意见			
	遇到问题能够主动寻求解决问题的方法			
	能够总结反思工作中的不足，善于观察、分析，提出创新的建议和独特的见解			
	能够多途径搜集信息，学会辨识和整理信息			
	能够制订详细的、行之有效的活动方案			
素养提升	树立积极进取的职业信念、爱岗敬业的职业精神			
	塑造主动学习、自我激励的空杯心态			
	养成积极主动沟通、思考、分析、总结的学习习惯			
	磨炼与时俱进、不断突破自我的意志			
	保持积极阳光的精神状态			
	增强团队合作意识			
	提高对职业意识的认知			
	提升形象礼仪和乐学善学素养			
心得体会：(可以从多个方面撰写，例如收获、不足、今后努力方向及打算)				
教师评语：				

注：☆☆☆代表非常好；☆☆代表较好；☆代表一般。

主题活动二：认识自己　规划未来

职业性格、职业兴趣、职业自我效能等是影响个人走向成功的关键因素，在个人进行职业选择的过程中起着重要的作用。近些年，据相关调研发现，学生就业率普遍比较高，但就业以后，部分同学很难适应新岗位，出现频繁跳槽等现象，究其原因，主要是所选职业与他们的职业兴趣或者性格不匹配。美国心理学家约翰·霍兰德(John Holland)经过多年的研究发现，人的性格、兴趣与职业密切相关，兴趣是人们活动的巨大动力，凡是具有职业兴趣的职业，都可以提高人们的积极性，促使人们积极、愉快地从事该职业。因此，我们将通过本活动了解自己，读懂自己，通过职业体验了解自己未来可能从事的职业，以提前为自己做好职业规划。

活 动 目 标

1.通过对自己兴趣和性格的探索，学会调适自己的兴趣和性格，形成积极的职业观念和态度。

2.通过寻找最崇拜的行业达人，挖掘行业达人身上所体现出来的特质，激起自己对身边的各行各业心存敬意，对于将来自己想要从事的职业心怀热爱，进一步明确职业素养在工作中的重要性。

3.通过制作行业达人的宣传海报，培养个人的审美和文化素养，培养主动寻求合作的意识，增强效能意识和创新精神。

4.通过对自己优势、劣势、机会与威胁的分析，学会自我激励的方法，遇到困难时保持自信，使自己有一个良好的精神状态，提升竞争意识，勇于面对学习、生活的挑战。

5.通过职业体验日，了解自己将来工作的内容和性质，加深对所学专业的认知，对如何实现职业理想有更清晰的理解，从而形成职业生涯规划意识，对自己的未来有所规划。

活动安排

活动名称	活动主要内容	活动时长
认识新自我	测测你的职业兴趣	3周
	读懂我自己	
	自我剖析	
展望美好未来	企业达人进课堂	3周
	遇见未来的自己	
	我的专业学习计划	

活动一　认识新自我

活动描述

兴趣在人的职业活动中具有重要作用。研究表明：如果一个人对某种工作有兴趣，能发挥他全部才能的80%~90%，且长时间保持高效率不感到疲劳；如果对某种工作没有兴趣，只能发挥他全部才能的20%~30%，且容易精疲力尽。职业不仅要与兴趣爱好吻合，还要与个性吻合，这样工作起来就会感到得心应手，心情舒畅，也容易在工作中获得成就感。因此我们先从认识自己、读懂自己开始，为找到真正适合自己的职业作准备。

活动过程

【任务一】兴趣探索——测测你的职业兴趣

兴趣是人积极探索某种事物的认识倾向。有了这种倾向，人就会对这种事物给予优先的注意，并且有向往它的心情。下面让我们一起进入约翰·霍兰德职业兴趣岛进行测试，了解一下自己的兴趣类型。

1. 有 6 个神奇的职业兴趣岛，如果你必须在这六个岛中的一个岛上生活一辈子，成为这里岛民的一员，请你阅读完下文后，按序选择你最想去的三个岛（限时 15 秒）。

我第一选择__________岛，第二选择__________岛，第三选择__________岛。

6 个神奇的职业兴趣岛

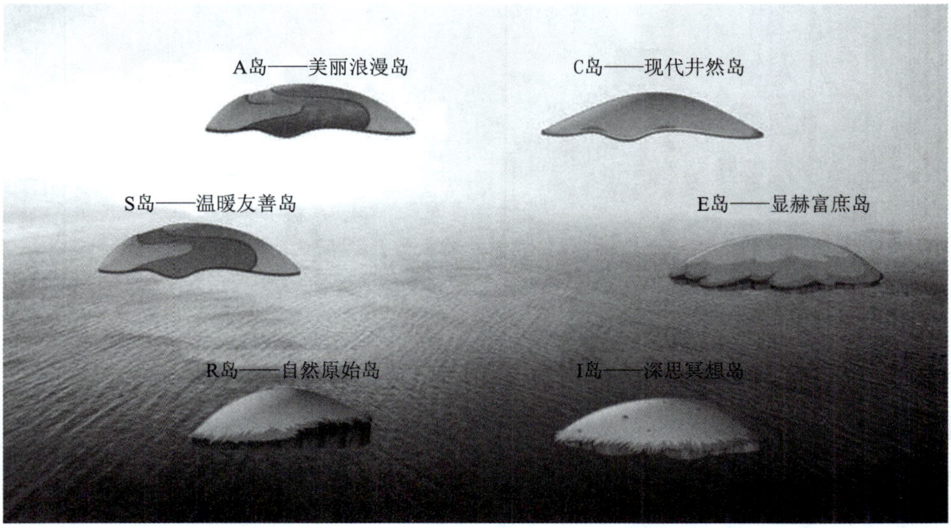

A 岛——美丽浪漫岛

这个岛上到处是美术馆、音乐厅，弥漫着浓厚的艺术文化气息。岛民们保留着传统的舞蹈、音乐与绘画。许多文艺界人士都喜欢来到这里开沙龙派对寻求灵感。

C 岛——现代井然岛

处处耸立着的现代建筑，标志着这是一个进步的、都市形态的岛屿，岛上的户政管理、地政管理及金融管理都十分完善。岛民们个性冷静保守，处事有条不紊，善于组织规划。

E 岛——显赫富庶岛

该岛经济高度发展，遍布高级饭店、俱乐部、高尔夫球场。岛民性格热情豪爽，善于企业经营和贸易活动。岛上往来者多是企业家、经理人、政治家、律师等。这些人在岛上享受着高品质生活。

I 岛——深思冥想岛

这个岛平畴绿野，人少僻静，适合夜观星象。岛上有很多天文馆、科技博物馆、科学图书馆。岛民们最喜欢呆在自己的小房子里，天天钻研学问、沉思冥想、探究真知。哲学家、科学家和心理学家们在这里约会，讨论学术，交流思想。

R 岛——自然原始岛

这是个自然生态优良的绿色之岛。岛上不仅保留有热带雨林等原始生态系统，而且建立了相当规模的植物园、动物园、水族馆。岛民以手工制造见长，他们自己种植花果、栽培蔬菜、修缮房屋、打造器物、制作工具。

S 岛——温暖友善岛

这个岛的岛民们都性情温和，乐于助人，人际关系十分友善。大家互助合作，重视教育后代。每个社区都能自成一个密切互动的服务网络，处处充满着人文关怀气息。

2. 每位同学按自己的第一选择岛屿分组就座，并与同组的同学交流一下：他们为什么也选择这个岛屿，看看大家有什么共同的兴趣，归纳几组关键词填入下图对应的岛上。

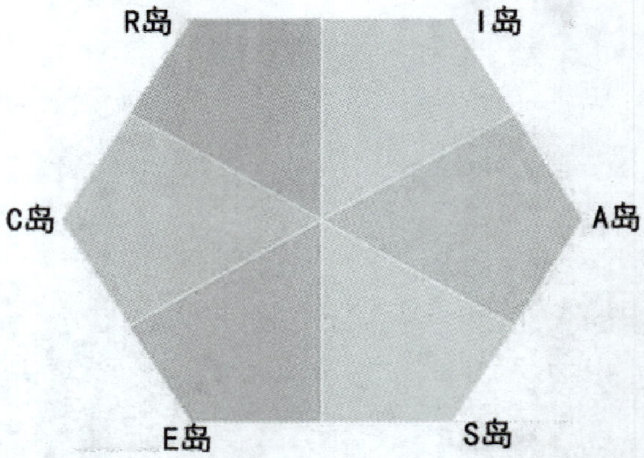

3. 根据霍兰德的六种职业兴趣类型，结合你选择的第一岛屿字母，判断一下自己将来可能从事的职业类型。可以多选。

社会型（S）□　企业型（E）□　常规型（C）□

实际型（R）□　研究型（I）□　艺术型（A）□

■ **提示：**

此环节需要知道霍兰德六种职业兴趣类型。

六种职业兴趣类型

美国心理学家约翰·霍兰德(John Holland)经过多年的研究，有效地将人与职业划分为六种类型，如下表所示，分别是：社会型、企业型、常规型、实际型、研究型、艺术型。每个人都归属于职业兴趣中的一种或几种类型。研究发现当同一类型的人与同一类型的职业互相匹配时，人可能达到更佳的潜力挖掘、工作稳定性与成就感实现。

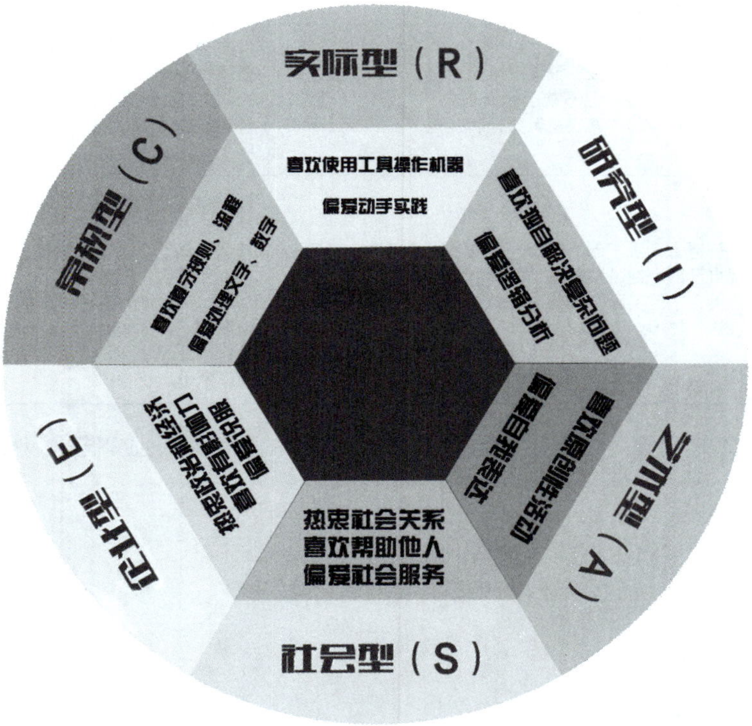

霍兰德的六种职业兴趣类型

类型	特征	典型职业
社会型（S）	喜欢与人交往、不断结交新的朋友、善言谈、愿意教导别人。关心社会问题、渴望发挥自己的社会作用。寻求广泛的人际关系，比较看重社会义务和社会道德	喜欢与人打交道的工作，能够不断结交新的朋友，从事提供信息、启迪、帮助、培训、开发或治疗等事务。如：教育工作者（教师、教育行政人员），社会工作者（咨询人员、公关人员）
企业型（E）	追求权力、权威和物质财富，具有领导才能。喜欢竞争，敢冒风险，有野心、抱负。为人务实，习惯以利益得失、权利、地位、金钱等来衡量做事的价值，做事有较强的目的性	喜欢要求具备经营、管理、劝服、监督和领导才能，以实现机构、政治、社会及经济目标的工作。如：项目经理、销售人员、营销管理人员、政府官员、企业领导、法官、律师
常规型（C）	尊重权威和规章制度，喜欢按计划办事，细心、有条理，习惯接受他人的指挥和领导，自己不谋求领导职务。喜欢关注实际和细节情况，通常较为谨慎和保守，缺乏创造性，不喜欢冒险和竞争，富有自我牺牲精神	喜欢要求注意细节、精确度、有系统有条理，具有记录、归档、据特定要求或程序组织数据和文字信息的职业。如：秘书、办公室人员、记事员、会计、行政助理、图书馆管理员、出纳员、打字员、投资分析员

续表

类型	特征	典型职业
实际型（R）	愿意使用工具从事操作性工作，动手能力强，做事手脚灵活，动作协调。偏好于具体任务，不善言辞，做事保守，较为谦虚。缺乏社交能力，通常喜欢独立做事	喜欢使用工具、机器，需要基本操作技能的工作。对要求具备机械方面才能、体力或从事与物件、机器、工具、运动器材、植物、动物相关的职业有兴趣。如：技术性职业（计算机硬件人员、摄影师、制图员、机械装配工），技能性职业（木匠、厨师、技工、修理工、农民）
研究型（I）	喜欢与观念打交道，喜欢独立的和富有创造性的工作，解决问题逻辑性强，抽象思维能力强，求知欲强，肯动脑，善思考，但不善于领导他人。考虑问题理性，做事喜欢精确，喜欢逻辑分析和推理，不断探讨未知的领域	喜欢智力的、抽象的、分析的、独立的定向任务，要求具备智力或分析才能，并将其用于观察、估测、衡量、形成理论、最终解决问题的工作。如：科学研究人员、教师、工程师、电脑编程人员、医生、系统分析员
艺术型（A）	有创造力，乐于创造新颖、与众不同的成果，渴望表现自己的个性，实现自身的价值。做事理想化，追求完美，不重实际。具有一定的艺术才能和个性。善于表达，怀旧，心态较为复杂	富想象力，喜欢创造性的工作，喜欢的工作要求具备艺术修养、创造力、表达能力和直觉，并将其用于语言、行为、声音、颜色和形式的审美、思索和感受，不善于事务性工作。如：艺术方面（演员、导演、艺术设计师、雕刻家、建筑师、摄影家、广告制作人），音乐方面（歌唱家、作曲家、乐队指挥），文学方面（小说家、诗人、剧作家）

4. 参照霍兰德的职业兴趣类型，列出 8~10 种与你的霍兰德职业兴趣类型相近的职业。

5. 参考你的专业所对应的职业群，说说你最感兴趣的职业：________________________________。

6. 兴趣是可以培养的，对于专业已经定向的你，可以通过哪些方式来培养自己的职业兴趣呢？

□多参加校内外组织的活动

□多参加社会实践

□多搜集与自己所学专业对应的职业群现状和发展趋势

□多了解自己所学专业对应的职业的工作内容、职责、价值等

☐多参加职业体验实践

☐ 多了解企业对相关职业岗位的兴趣要求

其他：____

【任务二】性格探索——读懂我自己

性格没有好坏，只有不同，每一种性格特征都有其价值和优点，也有缺点和需要注意的地方。不同的人有不同的性格，不同的偏向适合不同的职业。因此，清楚地了解自己的性格优劣势，有利于更好地发挥自己的特长，而尽可能地在为人处事中避免自己性格中的劣势，更好地和他人相处，更好地规划自己的未来职业发展道路。接下来，让我们直视内心，一起来开启自己的性格探索之旅吧。

1. 请你用 10 个形容词描述一下自己的性格特点。

2. 趣味测试。

在上班的路上，你从远处看到一群人在围观，好像发生了什么事。但由于距离较远，你无法看清楚，你有种不祥预感，你直觉这里可能发生什么？请选择其中的一项。

A. 交通事故

B. 路人打斗

C. 小偷偷东西被抓了

D. 发生命案

E. 非法集会

F. 免费赠送试用品

3. 根据自己的选项，找一找对应的职业性格特点描述，有没有找到与自己的描述相契合的点？

答案：________

选项	职业性格特点
A	你行为上较为直观，属于安分守己类型，遇到问题会依据自己逻辑来处理，但大部分时侯，需要他人的帮忙，才能更好地解决问题。因而你必须在职场上处理好人际关系，在困难时才有人及时给你帮助
B	表明你在生活或工作中经常遇到一些问题，直接影响你的心情和工作效率。当问题过于严峻时，你会采取过火的方法来解决，如同别人争执或者直接做甩手掌柜，这显然不是好办法。当你遇到问题时，应该想想问题的根源，不是一味做出不合理的举动
C	选这个答案的你，属于聪明反被聪明误的人，吃不了一点亏，事实上你很精明、很会观察他人。当工作上遇到问题时，你很会把困难推给他人，时间长久了，他人会觉得你特别有心计，因而发生大问题时，很少人会站在你这边
D	你属于老好人，遇到什么问题都会想办法去处理，不想麻烦他人。但一个人的能力有限，当遇到过多的事情你无法处理时，可以请教上司或者搭档协助，不需要什么事情都要往自己身上扛
E	你善于交际，很会讨好人，因此有着良好的人际关系。当工作遇到问题时，会得到别人的帮助，但你过于依赖他人，本身欠缺实力和竞争力。你要是和别人发生冲突，往往成为别人的牺牲品，因此你必须加强自己本身的实力才能在工作中取得更好的成绩
F	你为人乐观、开朗，经常抱着侥幸之心，看待问题过于肤浅，常常逃避问题。因此你应该要学会正视问题的根源，采取有效方法来解决，逃避只是治标不治本

4. 了解个人职业性格类型，并填写下表。

提示：

此环节邀请职业规划老师一起参与活动。

职业性格类型

类　型	特　征	适合职业

5. 什么是 MBTI 性格测试？请每位同学上网完成 MBTI 性格测试，并撰写一份 300 字左右的自我性格探索总结。

提示：

此环节邀请职业规划老师开展指导，并在老师的指导下完成。

6. 请再次参考你的专业所对应的职业群，说说你最感兴趣的职业：______________________________

____。

【任务三】自 我 剖 析

在前面的活动中，你已经对自己的职业兴趣和职业性格有所了解，想必对找到适合自己的职业类型充满着信心，但是在如今互联网、人工智能等产业迅速发展的时代，我们需要进一步分析自己的优势和劣势以及所面临的机遇和威胁，以提高自己在激烈竞争环境中的胜出概率。

1. 学习 SWOT 竞争分析法，并在图中填入自己的优势、劣势、机会和威胁。

什么是SWOT竞争分析法

SWOT分析法是指将与你密切相关的各种主要内部优势因素（Strengths）、劣势因素（Weaknesses）、机会因素（Opportunities）和威胁因素（Threats），通过调查和挖掘罗列出来，并对这些因素进行综合分析，找到利用或弥补的方法。使用SWOT模型对自己作进一步分析后，你将得到一个关于自我的系统认识，从而为你准确地定位和进行正确地选择奠定坚实的基础。

如何运用SWOT竞争分析法评析

第一步，从罗列优势开始，罗列自己的优点或者过人之处，再对每条加以分析。

第二步，总结劣势，总结自己平时生活中感到不足的地方，分条阐明（主要是对就业不利的弱点）。

第三步，判断机会，通过查找资料，判断当今的市场，分析对自己的机会。

第四步，了解威胁。从竞争、发展速度等几个方面剖析可能面临的威胁，并一一列出。

2. 学习 SWOT 分析案例，做出自己的行动方案（战略选择），并填入图中。

SWOT 分析案例

小韩，某中职工商信息管理专业在读，为人诚恳，性格温和，积极进取。喜欢能让自己静下心来的工作环境，希望从事工商管理、运输等相关领域的工作。下表是小韩的SWOT 自我分析。

内部因素分析 外部因素分析	优势（Strengths） 1. 对人热情、健谈，喜欢帮助、指导他人，在社交场合中游刃有余，容易与人交往。 2. 善于分析问题并且能够以自己的方式解决问题。 3. 对理论知识能快速理解与运用。 4. 有较强的竞争意识，能充分利用各方面资源	劣势（Weaknesses） 1. 做事耐性较差。处理问题可能不够细致。 2. 不愿意僵硬遵从强制标准和规则。但是却很懂得遵循大局。 3. 缺乏实际管理经验
外部机会（Opportunities） 1. 近年来国内企业经营逐步与国际接轨，因此对管理类人才需求量增加。 2. 中国经济发展势头良好，需要管理人才，因此工商管理类就业市场广阔	优势＋机会（SO 战略） 1. 学习更加专业的管理、经济等方面的知识。 2. 毕业后进入大小企业均可，大企业能够更快地了解其经营模式和管理方式，中小企业能够更全面地学习各种方面的知识。 3. 有了一定的经济基础和从业经验后，可以选择某一个方面创业	薄弱＋机会（WO 战略） 1. 在今后的学习中培养自己的耐性，做好每一件事。 2. 注意在学习和生活中做到认真细致。 3. 继续拓展自己的人际关系并且增强自己的洞察力。 4. 多参加社会实践活动，在实习中积累一定的经验。 5. 工作中多与人合作，培养团队意识和宏观意识
外部威胁（Threats） 1. 当今优秀人才增多，对于各方面能力要求更高。 2. 企业单位对个人素质的要求不断提高。 3. 用人单位对于社会和工作经验提出了一定的要求	优势＋威胁（ST 战略） 1. 发挥自身优势，为就业提高自身素质做好理论知识的准备。 2. 努力学习，在工作几年后考取 MBA，继续向人力资源管理方向发展。 3. 多与其他同学、老师交流，提高自己的眼界和对事物的了解	薄弱＋威胁（WT 战略选择） 1. 培养自己吃苦耐劳的精神和耐性，继续提高自己的抗压能力。 2. 多参与社会实践活动，增加自己的社会经验

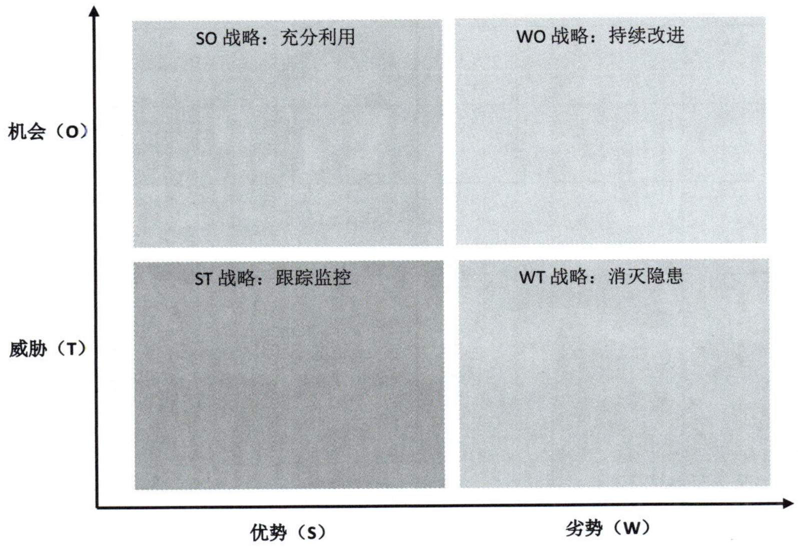

活动二　展望美好未来

活动描述

中国职业规划师协会关于“职业”的定义：职业是性质相近的工作的总称，通常指个人服务社会并作为主要生活来源的工作。当我们在谈某一具体的工作时，其实也就是在谈某一类职业，如教师、会计、导游等。

随着社会经济的不断发展，社会和企事业单位的用人要求也日益提高，除了专业能力以外，更看重的是人的品质与素养，如责任心、守时负责、诚实正直、能够适应变化、自我学习和自我发展的能力、与人交流和与人合作的精神、良好的职业道德与创新能力等。

因此，对于身边的各行各业，我们要心存敬意。行业达人是我们身边的学习榜样，他们身上所具有的特质，激励我们在学好专业知识和技能的同时，还需提升职业人该具备的职业素养。

活动过程

【任务一】企业达人进课堂

当今社会经济飞速发展，各行各业都有着自己独特的发展模式，各行各业对专业人才的需求也不尽相同，让我们一起来听一听企业达人们的工作经历，以使我们了解将来潜在就业行业的动态，尤其是对专业学习与未来工作场景的联系做一个具象化的了解。

1. 根据企业达人的分享，请你用文字描述一下行业达人身上的特质。

企业达人访谈记录表

行业达人：______ 就业企业：______ 就业职位：______ 就业岗位：______
特质（职业素养）描述：

2. 请你结合自己的理解，说说什么是职业，什么是职位，什么是工作。

职业：______________________________

____

职位：______________________________

____

工作：______________________________

____

【任务二】遇见未来的自己

前面的活动中，大家已了解到自己所学专业所对应的职业群，如数字媒体专业的同学，未来可能与电视台的摄影、摄像、视频剪辑等职业对应。那么这些工作岗位的工作状态究竟是怎样的呢？下面让我们跟着学长来个职业体验日吧。

1. 请每位同学用相机和文字记录下“我未来的一天”。

提示：

提前联系学长，做好职业体验日的前期准备工作。

体验岗位：______________________________

我的工作照：

我的体验感悟：

2. 让我们一起根据自己目前所学专业，在你的职业树上写出四种“理想型”职业。

【任务三】我的专业学习计划

在你的身边，会发现许许多多工作正在或已经被淘汰，人工统计已被云计算与大数据取代，无人驾驶汽车终将让专职司机这个岗位消失，工厂里清一色的机械手代替了工人的位子……只有对自己的未来有一个精准合适的规划才能应对这瞬息万变的职业市场。但是，要想实现自己的职业理想，光有态度、目标、兴趣还不行，我们得有良好的学习习惯和方法，端正学习态度，制订学习计划，合理安排时间，严格要求自己，认真学好每一门课程，才能获取必要的知识和技能。因此，对于专业方向已经确定的我们，制订好自己的学习计划是实现自己理想目标的首要任务。

1. 为了实现自己的“理想型”职业，请制订一份专业学习计划。

提示：

此表需制作成电子表格，随着学习的深入以及对所学专业的进一步了解，以便随时做出相应修改。

我的专业学习计划

专业对应的职业	所需专业知识	所需专业技能	所需职业素养	将采取的具体学习策略
职业 1（ ）				
职业 2（ ）				
职业 3（ ）				
职业 4（ ）				
职业 5（ ）				
⋮				

活动评价与总结

评价项目	具体内容	评价等级		
		☆☆☆	☆☆	☆
知识积累	霍兰德职业兴趣类型			
	MBTI 性格测试			
	SWOT 竞争分析法			
	会议、论坛的筹备和开展流程			
能力增长	能够主动与小组成员配合，协作完成小组任务			
	能够主动与他人交流，分享自己的观点，倾听同伴的意见			
	遇到问题不气馁，不退缩，能够主动寻求解决问题的方法			
	能够总结反思工作中的不足，善于观察、分析，能提出创新的建议和独特的见解			
	能够多途径搜集信息，学会辨识和整理信息			
	能够运用多媒体软件制作宣传海报			
素养提升	树立积极进取的职业信念、爱岗敬业的职业精神			
	塑造主动学习、自我激励的空杯心态			
	提高对职业意识的认知			
	锻炼团队合作、与时俱进、不断突破自我的精神			
	养成积极主动沟通、思考、分析、总结的学习习惯			
	具备积极阳光的精神状态			

心得体会：（可以从多个方面撰写，例如收获、不足、今后努力方向及打算）

教师评语：

注：☆☆☆代表非常好；☆☆代表较好；☆代表一般。

第二篇

遵 规 明 责

主题活动一：遵规守纪　养成习惯

现实生活中，无论是学校还是社会都会有各种规则、制度，生活在社会这个大家庭的每一员，都必须受到规范、规则和法律的约束，但有的同学不喜观规则的约束，体现在行为上就是自由散漫，体现在素质上就是缺乏自律和契约意识，甚至有时随意破坏规则，不遵守法律法规，也不愿意承担责任，目无法纪，必然迷心智、乱言行、丢操守，甚至可能会触犯法律，这对于一个人今后步入社会是非常不利的。因此我们从小就应具备以规范及规则作为自己行动准绳的意识，养成自觉遵守规则的良好习惯，不断规范自己的行为，学习法律知识，学会保护自己，学会为自己的行为负责。

活 动 目 标

1. 通过学习“9S”管理理念，养成个人规范规则意识和自律自主精神，养成良好的行为习惯和学习习惯。

2. 通过搜集和整理相关专业资料，养成善于发现、善于思考的品质，并锻炼自己归纳整合的能力，提高个人的信息素养、媒体素养。

3. 通过设计制作安全教育漫画册，学习安全知识，强化个人安全意识。

4. 通过设计“9S”挂图、制作安全宣传漫画册，养成个人审美意识和鉴赏能力以及创新思维能力。

5. 通过相关法律知识学习，养成个人法制意识，学会用法律武器维护自身的合法权益。

6. 通过模拟法庭，养成学法、懂法、守法的好习惯。

7. 通过观影活动，学会总结反思，提升个人批判性思维能力。

活 动 安 排

活动名称	主要活动内容	活动时长
学规范 正行为 养习惯	“9S”管理知多少	6周
	当规范成习惯时	
	我是安全宣传员	
学法守法 从我做起	普法在校园	6周
	法纪与校园生活	
	就业法律指引沙龙	

活动一 学规范 正行为 养习惯

活动描述

日常的规范意识、安全意识以及执行规范、规则的能力将直接关系到我们的职业生涯是否成功和个人生活是否幸福。因而，通过有效构建“9S”管理，从实训室的专业角度和日常生活的习惯上，加强个人的规范规则意识和安全观念，把规范、安全内化为自己自觉的行动，是新时代职业教育的必然要求。今天让我们一起来学习和践行“9S”，用新时代的“9S”来指导我们的工作和生活，让规范规则和安全意识内化为我们的日常行为习惯。

活动过程

【任务一】“9S”管理知多少

20世纪末，日本制造的产品遍布世界的每一个角落，世界各地的经济专家和学者甚是疑惑。日本的企业家说，“9S”管理是我们成功的关键！工厂乱不乱、环境好不好、设备的管理是否严谨科学，是一个企业发展壮大的关键。因而现在越来越多的企业家将“9S”管理法推广到生产、学习、管理中。

什么是“9S”管理

“9S”管理体系是指通过整理（Seiri）、整顿（Seiton）、清扫（Seiso）、清洁（Seiketsu）、素养（Shitsuke）、安全（Safety）、服务（Service）、节约（Saving）和满意（Satisfaction）9个方面的内容对工作现场的人员、设备等要素进行有效管理，营造一个整洁、高效、温馨、和谐的工作环境，提高工作效率，促进员工与企业共同成长。

“9S”起源于日本，因其日语的罗马拼音均以“S”开头，因此简称“9S”。

整理——留下必要的，其他都清除掉。

整顿——必要留下的，依规定摆整齐，加以标识。

清扫——工作场所看得见、看不见的地方全清扫干净。

清洁——维持整理、清扫的结果，保持干净亮丽。

素养——每位学生养成良好习惯，遵守规则，有美誉度。

安全——学习、生活均以安全为前提。

节约——内部挖潜，杜绝浪费。

服务——培养全局意识，回报社会。

满意——始终关注，不懈追求。

“9S”在校园管理中的运用

1）整理（Seiri）——要与不要，一留一弃

将宿舍、教室、实训室等公共场所的物品区分为必需和不必需的（有用和没用的），将不必要的（没用的）物品加以清除，腾出空间，活用空间，防止误用和误拿，提高学习效率和环境适应，做到井然有序。

2）整顿（Seiton）——科学布局，取用快捷

把整理后留下来的必需物品按照规定的位置摆放整齐，并加以注明、标示，在使用后及时将物品复位。做到能迅速找到所需要的物品，减少寻找所需物品的时间，这是提高效率的基础。

3）清扫（Seiso）——清除垃圾，美化环境

对宿舍、教室、实训室等公共场所进行综合治理，保持无垃圾、灰尘及其他污染源的干净整洁的状态，彻底清除垃圾、灰尘和污迹，确保学习和生活场所干净明亮。

4）清洁（Seiketsu）——清洁环境，贯彻到底

按要求保持整理、整顿、清扫的结果，使学习和生活工作场所整洁干净。将前面3个S规范化与制度化，使之成为一种日常行为习惯。

5）素养（Shitsuke）——形成制度，养成习惯

严守学校的各项管理标准，养成良好的行为习惯。素养是“9S”管理的核心。

6）安全（Safety）——防微杜渐，警钟长鸣

加强隐患排查和治理，提高安全防范意识，杜绝事故苗头，避免事故发生，保障设备安全，保证个人在实训过程的健康与安全，确保人身及财产的安全，达到预知危险、防患未然的目的。无论做任何事情，安全都要摆在第一位。

7）节约（Saving）——节约为荣，浪费为耻

爱护公物、节约资源、杜绝浪费，节约时间、空间、人力、成本、资源等，提高学习、工作效率，达到培养个人节约意识、养成合理降低成本的良好习惯。

8）服务（Service）——微笑服务，和谐相处

要有服务意识，随时随地，点点滴滴，从我做起，从小事做起，热心为同学、班级、学校、社会服务，倡导奉献精神。

9）学习（Study）——积极进取，务实创新

学习（Study）与满意（Satisfaction）相对应，养成良好的学习习惯，努力刻苦学习专业知识，积极参加课内外活动，努力使自己成为一名企业合格满意的技能型人才。

请同学们分小组讨论并制定班级“9S”管理实施的细则和执行标准。

提示：

班委可根据各小组的初定稿加以补充和完善，最终形成班级9S实施的细则和标准。

____________班“9S”管理细则和执行标准

小组名称			
组长		组员	
9S 项目内容	内容细则		标准要求
整理（Seiri） 整顿（Seiton）	书包		
	桌面		
	桌洞		
清扫（Seiso） 清洁（Seiketsu）	桌椅、黑板及讲台		
	地面、墙壁		
	门窗、灯具		
	多媒体设备		
节约（Saving）	电灯及多媒体		
	书籍、作业等纸张		
	节约用水		
	节约时间、空间		
安全（Safety）	消防		
	用电		
服务（Service）	为集体服务的意识		
	班干部的服务意识		
素养（Shitsuke）	校规校纪		
	仪容仪表		
	文明礼貌		
学习（Study）	课堂		
	作业		
	测试		

【任务二】当规范成习惯时

为了使班级管理更加科学化、规范化，把“规范、规则、安全”细则落实到我们生活和学习的细节中，促使每个人养成良好的生活习惯和工作习惯，我们首先得从意识上接受并认可“9S”管理理论，并通过实践将“9S”融入到班级文化建设中，使班级文化作为一种隐性的教育力量，对班级全体成员起到凝聚、约束、鼓舞、同化的作用，进而营造一种和谐、积极向上的学习氛围。

1. 为了参加全校正在开展的“9S”管理挂图征集活动，请每位同学动起手来，设计一套富有创意且具有教育意义的“9S”管理挂图。

提示：

挂图设计要求：

- 风格统一，适合张贴于教室、实验室、实训室、过道、走廊等场所。
- 构思新颖，有特色，颜色、符号、字体的设计科学，讲究图面的整体配置。
- 应征挂图必须是作者原创，可参考如下样张。

2. 请你依据“9S”管理要求对下表中的案例进行分析，写出相应的解决方案和执行要领。

案例分析表

序号	案例	解决方案	执行要领
1	工作台太乱，不能及时找到需要的物品		
2	某同学使用操作间的物品后总是不能及时还回原处		
3	工作空间有卫生死角		
4	工作空间的整洁情况时好时坏		
5	企业员工小明认为，公司的水电费由公司买单，跟自己没关系		
6	企业员工小明认为，消除安全隐患由安全部门负责，与自己无关		
7	企业员工小明认为，企业的产品由售后负责，与自己无关		
8	企业员工小明喜欢穿着短裤上班，对企业的仪容仪表规定满腹牢骚		
9	某公司的员工业务不熟练，不喜欢钻研		

3. 以“钳工实训车间”为例，请你参照示例，对照“9S”管理内容拟定一份适用于学校钳工实训车间的“9S”管理条例。

提示：

校内如果没有钳工实训车间，可以寻找其他实训车间或实验室替代。

钳工实训车间“9S”管理条例

“9S”管理内容	定义	具体操作方法
整理（Seiri）	区分有用的和没用的，不要用的清除掉	改善场地；现场无杂物，行道通畅，提高学习效率；将学习和生活场所的任何物品区分为有必要与没有必要的，除了有必要的留下来，其他的都清除掉；把空间腾出来活用
整顿（Seiton）		
清扫（Seiso）		
清洁（Seiketsu）		
节约（Saving）		
安全（Safety）		
服务（Service）		
素养（Shitsuke）		
满意（Satisfaction）		

【任务三】我是安全宣传员

校园安全涉及学生生活和学习方面的安全隐患有20多种：食物中毒、体育运动损伤、网络交友安全、交通事故、火灾火险、溺水、毒品危害、性侵犯、艾滋病等。专家指出，通过安全教育，提高自我的保护能力，80%的意外伤害将可以避免。为全面深入推动安全教育工作，大力降低各类伤亡事故的发生率，学校将开展“争做安全宣传员”活动，让大家行动起来，真正参与到安全宣传当中，真正做到“安全你我他”。

请同学们以小组为单位，以“安全你我他”为主题设计一套富有创意且具有教育意义的安全教育漫画册打印出来粘贴在下面表中。

提示：

- 安全教育主要包括：交通安全教育、日常生活安全教育、活动安全教育、自然灾害中的自我保护教育、社会治安教育、意外事故处理教育等板块。
- 漫画册要求风格、主题统一，每个板块制作五张漫画。
- 构思新颖，有特色，颜色、符号、字体的设计科学，讲究图面的整体配置。
- 应征漫画必须是作者原创，可参考如下样张。

基本安全要求—— 安全生产禁令

严禁水上作业不按规定穿戴救生衣，违者予以开除并解除劳动合同。

安全你我他

活动二　学法守纪　从我做起

活动描述

谈到法律，大家都不会陌生，但法律对在校学生而言，多少有点距离感。在没有进入社会工作之前，很多人认为这些都离自己很遥远。但其实法律问题每天都在校园生活中上演，上课、写作业、打网络游戏、参加体育活动甚至处理校园纠纷等都有可能触及法律，引起诉讼。近年来国家一直在开展普法宣传教育活动，努力提高公民的法律意识，法制教育是依法管理学校的有效措施，是社会主义精神文明建设的重要组成部分。作为学生的我们，是未来社会的建设者，所以我们一定要了解法律的重要性，接下来就以校园为起点，延伸到社会就业，通过一系列任务让学生主动地学法、知法、守法、用法，明确自身的权利义务，学会依法规范自己的行为，并且学会使用法律武器依法保护自己的正当权益。

活动过程

【任务一】普法在校园

下月学校将开展校园法律文化节活动，为了响应学校号召，让我们行动起来，从评估同学们的日常法律意识开始，积极参与到校园普法活动中来。

1. 请同学们以小组为单位设计一份法律意识调查问卷，并在全校范围内完成问卷调查和数据统计分析，撰写调查报告。

提示：

- 调查问卷一般包含：标题、卷首语、问卷主体、结束语。
- 设计问卷时需注意明确调查目的、调查人群，卷首要对调查目的进行说明，问题言简意赅，数据便于统计分析。
- 设计调查问卷的一般流程：根据调查目的收集相关资料，确定问卷题目形式，商讨制定问卷题目、完善问卷。

关于在校学生法律意识的调查报告

<table>
<tr><td rowspan="2">调查小组</td><td></td><td colspan="3"></td></tr>
<tr><td>组长</td><td></td><td>记录员</td><td></td></tr>
<tr><td>调查对象</td><td colspan="4"></td></tr>
<tr><td>调查时间</td><td colspan="4"></td></tr>
<tr><td>调查地点</td><td colspan="4"></td></tr>
<tr><td colspan="5">调查内容：</td></tr>
<tr><td colspan="5">调查结果分析：（如，结合造成学生法律意识淡薄的原因，在学习法律知识的过程中我们需要注意点等方面撰写）</td></tr>
<tr><td colspan="5">备注：</td></tr>
</table>

2. 为了提升同学们的法律意识，让我们以小组为单位动手设计制作一组法律知识校园宣传海报。

提示：

- 海报内容精练，简洁明了，主体字体醒目。
- 海报版式自定，注意色彩搭配，可参考如下样张。

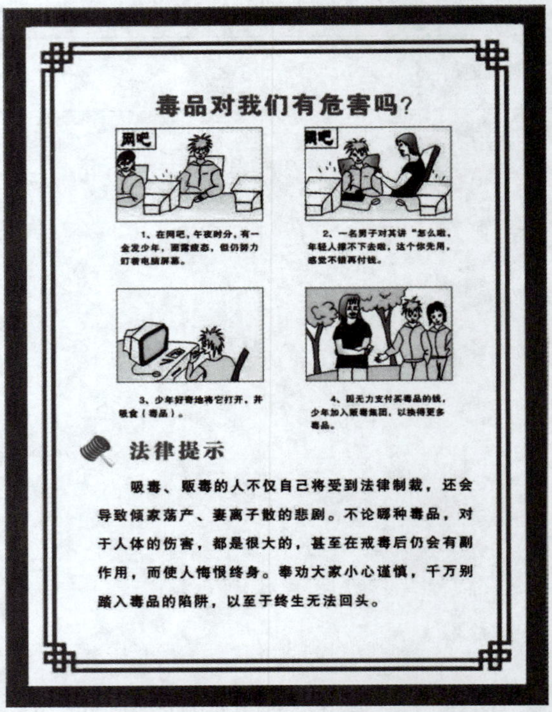

【任务二】法纪与校园生活

针对近年来频繁出现的学生法律意识淡薄、不知不觉中触碰法律警戒线或被利用走入法律禁区的情况，我们将通过校园法制文化节系列活动，通过喜闻乐见的方式进一步了解法律法规，在丰富课余生活的同时，树立大家自觉遵守法律的意识。

1. 请同学们在校园法律影视展播观影单中选择一至两部法制电影观看，说说自己的观后感。

提示：

观影单如《悲伤逆流成河》《少年的你》等。

观影记录表

电影名	
观看时间	
电影风格	
电影梗概	
观后感	

2. 为了帮助同学们督促自己规范自己的行为，人人争做遵纪守法的好学生，现决定在原有班规的基础上，针对班内时常出现的违纪现象，修订班规，并提炼成班级新“七不”规范。

提示：

- 要求人人参与，全班综合。
- 可以设置试用期，并不断完善后产生。

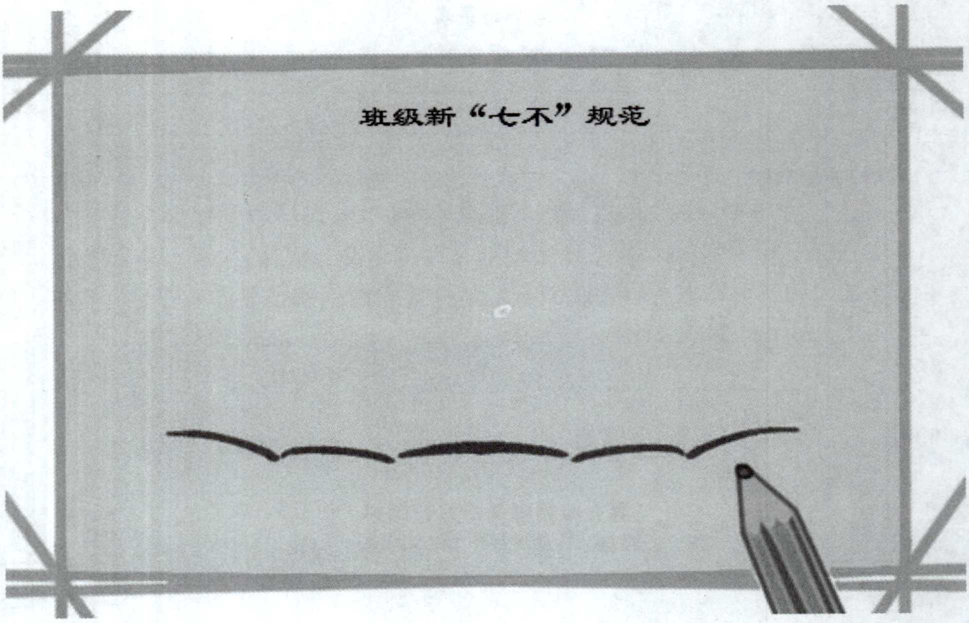

3. 请全班同学群策群力，为校园法律文化节排演一部校园普法情景剧。

提示：

- 通过小组合作完成。
- 围绕新闻热点，要有正确的导向和价值观。
- 落点要准确：事件的解决，法律知识的普及。

校园普法情景剧策划方案

剧本名称		
指导老师		
表演时间		
表演地点		
人员分工	总导演	
	编剧	
	编导	
	统筹	
人员分工	舞台、布景设计	
	道具设计	
	灯光、音效	
	主演	
	助演	
	化妆	

续表

排练时间安排	
设计思路	
剧本摘要	

【任务三】就业法律指引沙龙

你知道劳动合同和就业协议是什么吗？它们有什么不同？如何签订劳动合同？如何更好地保障自己的合法权益？这一系列不可不关注的就业协议中的“法律”，是一个关系到切身利益的话题，是一种现代社会必不可少的意识，是一件保护自我最锋利的武器。下面我们将通过

“解读职场签约，了解就业法律”“就业法律风险防控”等沙龙活动，邀请资深就业指导专家、权威法律人士跟同学们进行面对面交流。通过精辟的案例分析、权威的法律解释，你将在这里学到就业、签约等环节中的法律知识。

1. 聆听讲座“解读职场签约，了解就业法律”，回答下列问题。

（1）学校三方协议下发前，公司让我签了两方协议，如果违约是什么后果？协议约定的违约金是有效的么？

（2）如果签了三方协议，协议没填写违约金，但我违约时公司说要交5 000元违约金，这合理么？

（3）已经签了三方协议，如果不去工作选择继续升学，是否要赔违约金？

（4）已经签了三方协议，如果去了公司觉得不适应要辞职，还要交违约金么？

2. 请同学们定期开展就业法律沙龙，研习《中华人民共和国劳动法》及《民法典》等法律，并运用学到的法律知识开展一场模拟法庭活动。

提示：

- 邀请区检察院检察官参与指导。
- 通过小组分工合作完成：了解庭审相关知识、基本流程、注意事项，推选成员进行角色扮演，余下的同学查找资料。

模拟法庭进校园

序号	事项	具体内容
1	活动目的和意义	（1）通过“亲身、亲历”参与模拟法庭活动，熟悉司法审判的实际程序、过程。 （2）利用案例进行法制教育，增强法律意识、自我保护意识，锻炼社会适应能力，提高分析判断、辨别是非能力；作一名关注法律、学法、懂法、守法、用法的法制公民。 （3）加强未成年人法制宣传教育，传播法律知识，弘扬法制精神，进而建设和谐平安校园，形成人人知法、懂法、守法的校园氛围
2	场地要求	教室
3	时间安排	（1）筹划准备阶段：（××月××日——××月××日） ××月××日：开始公开报名，并统计人数。 ××月××日：确定开庭审理案例。 ××月××日：确定参加庭审人员及角色分配。 （2）演练阶段：（××月××日——××月××日）形成模拟法庭的雏形，大家一起排练演习。 （3）正式演出阶段：（××月××日）按安排好的流程演出
4	主要参与人员的公开报名要求	（1）审判长1人，审判员2人，书记员1人，男女不限，要求口齿伶俐，普通话标准，应变能力强、表达能力强。 （2）辩护律师2人，公诉人2人，男女不限，要求口才良好，有较强的思辨能力，口齿伶俐，普通话标准，反应敏捷。 （3）法警6名，限男性，要求五官端正，身高在165 cm以上。 （4）当事人4人（被告3人、原告1人），限男性，要求有一定的表达能力
5	模拟法庭简要流程	（1）由主持人介绍本次活动目的及简要案情。 （2）介绍参加本次活动的嘉宾。 （3）模拟法庭开庭审理。 （4）指导老师进行点评。 （5）主持人宣布结束
6	表演具体要求	（1）表演人数合理，服装得体，注意仪容仪表。 （2）表演主题明确，对剧中人物特点表现充分，舞台感染力强。 （3）进场和退场合理安排有序，突显团队协作力
7	活动小结	

活动评价与总结

评价项目	具体内容	评价等级		
		☆☆☆	☆☆	☆
知识积累	“9S”管理理念			
	消防、用电等安全知识			
	急救知识			
	《中华人民共和国劳动法》《民法典》等相关法律法规			
能力增长	能够客观地对问题进行分析、评估并提出解决方案			
	能够根据工作任务，合理调配物质和人力资源			
	能够主动地寻求解决问题的方法			
	能够与时俱进，心胸开阔，不断努力，不断学习			
	能够在团队活动中采用有效且适当的方法与对方进行沟通和交流			
	能够站在客观的立场上，分析、评估和辨析问题			
素养提升	树立正确的法律意识和法制观念			
	增强自我保护意识			
	提升信息素养和媒体素养			
	强化公民意识和主体意识			
心得体会：（可以从多个方面撰写，例如收获、不足、今后努力方向及打算）				
教师评语：				

注：☆☆☆代表非常好；☆☆代表较好；☆代表一般。

主题活动二：责任担当　自律自强

活动背景

《人民日报》、共青团中央等微信曾发布了一篇《沉睡中的大学生：你不失业，天理难容！》的文章，将大学生失业的原因归咎于大学生的“沉睡”，比如沉迷游戏、上课睡觉、不运动、不看书等，这些问题值得深思。因此，同学们，青春的我们要对自己负责，我们按时作息，积极学习，收获知识，养成自律的习惯；青春的我们要对生活负责，对社会负责，才能呵护家和国的安宁和幸福，所以让我们给自己一个目标，学会把生活和学习合理规划并进行量化，才能使每个阶段的目标感都更加强烈，成为时间的主人。同时，我们还要学会正确面对自己的不良情绪，用有效的方式清除心理垃圾，成为自己情绪的主人，从而让我们保持积极向上的动力和活力，让青春为之燃烧，我们一定能，一定行。

活动目标

1. 通过广播剧的设计和制作，激发个人爱国情怀和主人翁精神，提升个人的文学素养和责任担当意识。

2. 通过企业岗位职责调研，在实践中深刻体悟责任的含义，提升个人沟通交流能力。

3. 通过辩论赛，提升个人语言组织能力、口头表达能力、逻辑推理能力和思辨能力，提升个人竞争意识和拼搏精神。

4. 通过 SMART 原则学习，提升个人统筹规划能力和时间观念素养，提升个人健康生活素养。

5. 通过心灵加油站活动，学会管理自己的情绪，提升自我排压能力和自我管理素养。

6. 学会使用番茄工作法帮助自己提升单位时间内的学习或做事的效率。

活动安排

活动名称	主要活动内容	活动时长
青春·责任·成长	国之发展 吾辈担当	6周
	小岗位 大责任	
	责任与梦想	
做更好的自己	时间都去哪儿了	6周
	成为时间的主人	
	成为情绪的主人	

活动一　青春 · 责任 · 成长

活动描述

国之担当是什么？彰显人类命运共同体。民之担当是什么？立足岗位，基于责任。我之担当是什么？力所能及，尽己之责。我们要自觉担起社会责任，正确认识困难，要有坚韧不拔和勇于斗争的精神以及敢讲真话、敢干实事的担当精神。我们要勇于担当，知行合一，为国家作出青年人应有的贡献。

活动过程

【任务一】国之发展 吾辈担当

十年树木，百年树人，我们年轻一代是国家的希望，少年强则国强。未来的几十年我们如何强？我们需要做怎样的努力？我们又该具备怎样的品质？少年强则国强，这是时代赋予我们的责任和使命。那就让我们行动起来，点燃心中那团火焰，为实现我们中华民族的伟大复兴而努力！

小组合作设计一部以“国之发展 吾辈担当”为主题的广播短剧，请记录以下工作流程。

提示：

- 根据兴趣自行分组，每组成员6~8人，小组分工，明确各自职责、要求及相关事宜。
- 广播剧时长30分钟左右，请事先做好PPT。
- 表格可自行设计或制作成电子表。

广播剧制作工作流程

组长		
组员		
主要环节	主要工作	工作内容描述
第一阶段：构思创作	如：节目构思	确定节目主题，搜集相关资料，草拟节目脚本

续表

第二阶段：现场录制		
第三阶段：编辑混录		

【任务二】小岗位　大责任

岗位职责是一个具象化的工作描述，是指一个岗位所需要去完成的工作内容以及应当承担的责任范围。在广播剧制作过程中我们每个人都分到了工作任务，每人各司其职，下面就让我们一起来聊一聊我们的岗位职责。

1. 请各小组说说在广播剧制作过程中是如何分工，如何确定各工作人员职责的。

广播剧剧组各工作岗位主要职责

组长			
组员			
序号	工作岗位	工作内容	主要职责
1	导播		
2	编导		
3	……		
4			
5			
6			
7			
8			

2. 请同学们走进企业，采访了解相关岗位工作人员的责任。

岗位责任书

职业	
岗位	
了解方式	
部门名称	
直接上级	
下属部门	
部门性质	
管理权限	
主要职责	

你认为做好这份工作最重要的是什么？

____

____

____

____

____

____

【任务三】责任与梦想

一个人在不同阶段、不同场合都会拥有不同的身份，担当不同的角色。但不论担当什么角色，我们都要负起角色责任，做分内应该做的事，责任面前不回避、不推诿、不退缩，做一名对社会负责、对家庭负责、对他人负责、对集体负责、有担当的青年人。

请以“青年一代成长的动力来源于责任还是来源于梦想？”为主题开展一场辩论赛。

提示：

辩论赛内容必须符合四项基本原则，必须符合党和国家的政策，符合校规校纪，健康向上。辩论不得出现谩骂、诬陷等任何人身攻击性言语。

“青年一代成长的动力来源于责任还是来源于梦想？”辩论赛活动方案

序号	事项	内容
1	活动目的	提高个人思辨能力，丰富课余知识，培养团队精神，锻炼思维表达的同时提升创新精神，提高临场应变能力，为今后进入社会打下坚实的基础，能更快更好地适应社会的发展，能更快地融入社会，从而不被社会所淘汰
2	场地要求	本班教室
3	活动时长	40~60 分钟
4	参与人数	正、反辩方各 4 人
5	材料准备	奖状、记号笔、红牌、黄牌、记时表、相机、DV
6	步骤流程	（1）立论（6 分钟） A. 正方一辩发言（3 分钟） B. 反方一辩发言（3 分钟）
		（2）攻辩（8 分钟） A. 正方二辩选择反方二辩或三辩进行一对一攻辩（1 分 30 秒） B. 反方二辩选择正方二辩或三辩进行一对一攻辩（1 分 30 秒） C. 正方三辩选择反方二辩或三辩进行一对一攻辩（1 分 30 秒） D. 反方三辩选择正方二辩或三辩进行一对一攻辩（1 分 30 秒） E. 正方一辩进行攻辩小结（1 分钟） F. 反方一辩进行攻辩小结（1 分钟）
		（3）自由辩论（12 分钟）
		（4）总结陈词（6 分钟） A. 反方四辩总结陈词（3 分钟） B. 正方四辩总结陈词（3 分钟）
7	活动小结	

评分标准

	辩手	语言表达（20 分）	辩驳思路（40 分）	辩风（20 分）	综合印象（20 分）	总分
正方	一辩					
	二辩					
	三辩					
	四辩					
反方	辩手	语言表达（20 分）	辩驳思路（40 分）	辩风（20 分）	综合印象（20 分）	总分
	一辩					
	二辩					
	三辩					
	四辩					

活动二　做更好的自己

活动描述

对于每个人而言，管理时间水平的高低决定了个人学业和事业的成败。时间的管理，关键在于掌握和利用时间的方法和技巧。只有合理、高效地利用时间，才能发挥时间的最大价值。面对偷偷溜走的时间，我们需要认真地进行反思和分析，学会合理规划自己的时间和学业。同时，我们还要成为情绪的主人，学会自我排压，提升抗挫能力，并能正视、欣赏、完善自我，从而成就精彩人生。

活动过程

【任务一】时间都去哪儿了

时间对于每个人都是公平的。但很多人总是感叹一天24小时不够用，发出“时间去哪儿了”的感叹，并会质疑自己在同样多的时间里做的事情为什么永远比别人少。高效、合理地利用时间是事半功倍的关键。

1. 请根据自己的实际情况完成时间利用调查表。

提示：

在表格中“你的选择”选项中填写。

时间利用调查表

内容	选项	你的选择
每天读书的时间	A. 基本没有　B. 十五分钟左右 C. 半个小时　D. 四十分钟以上	
每天使用手机的时间	A. 半个小时至一个小时　B. 一个小时至两个小时 C. 两个小时至三个小时　D. 三个小时至四个小时 E. 四个小时以上	
课余时间安排	A. 看手机、玩电脑　B. 阅读　C. 运动 D. 参加社团活动　E. 自习　F. 其他	
做作业时集中精力情况	A. 能，基本不受外界打扰 B. 偶尔看手机或受其他事干扰 C. 经常性看手机或被其他事干扰 D. 根本不能集中精力，总被干扰	
周末或假期起床的时间	A. 和上学时保持一致 B. 比上学时晚半小时至一小时 C. 比上学时晚一小时至两小时 D. 比上学时晚两小时至三小时 E. 睡到自然醒	

续表

内容	选项	你的选择
周末或假期晚上睡觉的时间	A. 和上学时保持一致 B. 比上学时晚半小时至一小时 C. 比上学时晚一小时至两小时 D. 比上学时晚两小时至三小时 E. 比上学时晚三小时以上	
周末或假期大部分时间的安排	A. 学习 B. 运动 C. 看手机、玩电脑 D. 逛街、游玩 E. 参加志愿者活动或社团实践活动 F. 其他	
保持合理并且规律的作息时间情况	A. 会，十分注意 B. 会，偶尔坚持不住 C. 不会，坚持不住 D. 不会，从来没想过这个问题	
每日学习计划	A. 有 B. 没有	
如果有时间计划表，计划得详细情况	A. 详细 B. 不详细	

2. 完成《时间利用调查表》后，请完成以下问题的问答。

（1）对自己的时间利用状况满意吗？若不满意，请思考自己的时间为什么利用率不高。

____

____

____

____

（2）如果想改变目前低效利用时间的状况，想一想有什么好的方法。

____

____

____

____

3. 学习 SMART 原则，并填写一周的 SMART 学习效率表。

什么是SMART原则

SMART原则是为了利于员工更加明确高效地工作，以及管理者对员工实施绩效考核提供考核目标和考核标准。SMART原则强调目标的设定要清晰、明确，可衡量，可实现，与自己的本岗位工作有关联，具有实效性。例如一名初中二年级的学生要在三天内完成背诵《新概念英语》第2册第10课课文。

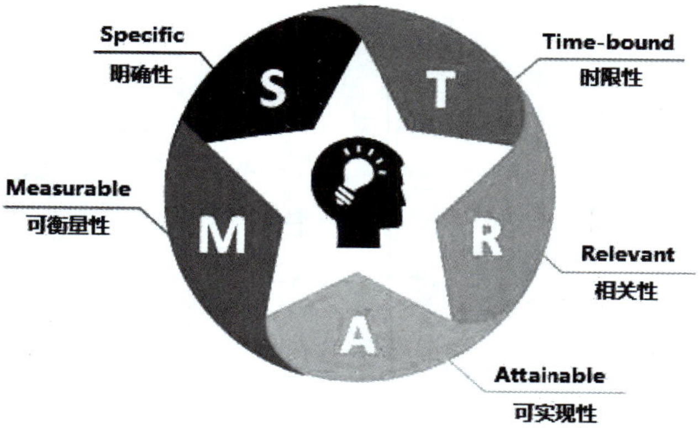

SMART 学习效率表

序号	目标内容	开始时间	结束时间	考核人			得分	对应星级
				自己	家长	同学		
1	背诵《新概念英语》第 2 册第 10 课	6 月 1 日	6 月 3 日			√	82	★★★★
2								
3								
4								
5								
……								
小结	本周完成预定学习内容百分率：________ 对自己是否满意：________ 下一周的调整计划：________ ________ ________							

备注：1. 考核人可以为自己、家长、老师或者结对的同学。
2. 90~100 分为五星级★★★★★，80~89 分为四星级★★★★，70~79 分为三星级★★★，60~69 分为二星级★★，50~59 分为一星级★，低于 50 分没有星级。

【任务二】成为时间的主人

学业规划是指为了提高求学者的学业效率而对其所进行的筹划和安排。为此，根据自身情况为自己确立学业目标并为之而确定行动方向、行动时间和行动方案是十分必要的，从而帮助自我充实而高效地度过学习生涯。

1. 请根据自己的实际情况，制定一份学业规划行动方案。

提示：

- 《学业规划行动方案》可根据短期计划执行的情况，动态调整中期、长期计划。
- 长期计划的时段可以为目前就读的学段，如中职三年、高职三年，也可以是一学年；中期计划的时段可以为一个学期或半个学期；短期计划的时段可以为一个月、半个月或一个星期。

学业规划行动方案

姓名		制定本方案时间		
职业目标				
自我评价	优势		弱势	
计划名称	时段	总目标	分级目标	行动措施
长期计划				
中期计划				
短期计划				

2. 学习番茄工作法，并根据自己的一日学习任务，完成番茄工作记录单。

什么是番茄工作法

番茄工作法是一种微视的、简单易行的时间管理方法。使用番茄工作法，首先选择一个待完成的任务，设定一个25分钟的番茄时间。在番茄时间内专注工作，中途不允许做任何与该任务无关的事，直到番茄钟响起，然后在记录单上填写完成情况。休息5分钟后，再开始下一个25分钟的番茄时间。每四个番茄钟后，休息25分钟。在某个番茄钟的过程中，如果因某事被迫中途打断，那么这个番茄钟则被作废。

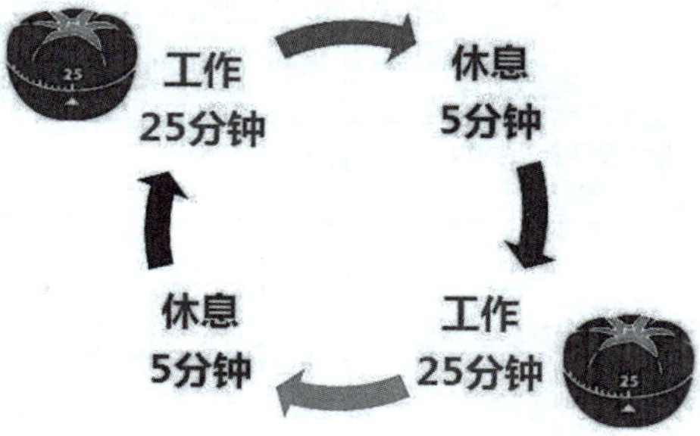

番茄工作法记录单

序号	今日学习计划清单	完成情况
1		
2		
3		
⋮		
今日小结	预设了__________个番茄时间 完成了__________个番茄时间	
今日反思		
明日规划		

【任务三】成为情绪的主人

情绪管理，不单单指控制自己不发脾气，而是以最恰当的方式来表达情绪，使周围的人能够接受。情绪管理是一门学问，也是一种艺术，要掌控得恰到好处。因此要成为情绪的主人，必先觉察自我的情绪，进而管理自我情绪。善于控制、治理自身情绪的人，才能够消除情绪的负效能，最大限度地开发情绪的正效能。让我们都学会成为情绪的主人，愉悦自己，快乐他人。

1. 测一测：你的抗挫能力有多强?

提示：

完成测试后，根据分数和测试参考了解自己的抗挫力。

抗挫折能力测试表

题号	内　容	选项
1	在过去的一年中，你自认为遭受挫折的次数： A. 0~2 次　B. 3~5 次　C. 5 次以上	
2	我每次受到挫折： A. 大部分都能自己解决　B. 有一部分能解决 C. 大部分都解决不了，要依靠外力	
3	我对自己的能力认可程度为： A. 很自信　B. 比较自信　C. 不太自信	
4	面对难以解决的问题，我经常： A. 知难而退　B. 请求外援　C. 直接放弃	
5	遇到很大压力时，我会： A. 无法学习　B. 正常学习　C. 介于 A 和 B 之间	
6	遇到实力很强的对手时，我会： A. 无法应对　B. 应对自如　C. 介于 A 和 B 之间	
7	面对学习或生活中的失利时，我会： A. 丧失信心　B. 正确面对，及时反思　C. 介于 A 和 B 之间	
8	面临比较重要的考试，备考不顺利时： A. 十分焦躁　B. 能自我冷静，寻找合适的方法 C. 介于 A 和 B 之间	
9	被别人批评时，我会： A. 特别沮丧　B. 能正确面对，合理分析　C. 介于 A 和 B 之间	
10	学习时感到疲倦，我会： A. 埋怨自己脑袋不如别人好用，会想起不开心的事 B. 休息后能马上忘记疲劳，再次投入学习中 C. 介于 A 和 B 之间	
11	面对不好的学习环境时，我会： A. 无法专心学习　B. 能忽视外界条件，专心学习　C. 介于 A 和 B 之间	
12	面对完全陌生的环境，我会： A. 无法正常生活和学习　B. 正常学习 C. 介于 A 和 B 之间	
13	被派给了难度很大的任务时，我会： A. 立刻拒绝　B. 想办法做好　C. 介于 A 和 B 之间	
14	接受挑战时，我会： A. 内心拒绝，十分烦躁　B. 认为是个锻炼的好机会 C. 介于 A 和 B 之间	
15	得不到老师、家长和伙伴们的肯定时，我会： A. 感到心理很压抑，甚至抑郁　B. 能坦然面对，仍然有自信 C. 介于 A 和 B 之间	
计分方式	1~4 题，选择 A、B、C 分别得 2 分、1 分、0 分。 5~14 题，选择 A、B、C 分别得 0 分、2 分、1 分	
测试参考	20 分以上：说明你的抗挫能力很强，能够正确面对失败和挫折。 10~19 分：说明你有一定的抗挫折能力，但对某些挫折的抵抗力薄弱，对一些较大的打击仍无法平衡，需要加强心理素质的建设。 10 分以下：说明你的抗挫折能力很弱，急需提升，一些小的挫折就容易使你消沉	

测试分数：
通过测试，我了解到自己的抗挫力情况是：________________
我的感悟是：________________
____
____

2. 填一填心灵加油站，助力清理情绪“垃圾”。

提示：

情绪的宣泄也不是随意的，而是要通过积极的、有效的途径来调节自己的心理，如喊叫法、跑步法、扔枕头法、撕纸法、心情日记书写法等。

心灵加油站

1. 我最近心情如何：

____

2. 我的压力是：

____

3. 我打算采取的排压方法是（在选项后画√或填写其他方式）：
A. 喊叫法（　）　B. 跑步法（　）　C. 整理法（　）
D. 撕纸法（　）　E. 心情日记法（　）　F. 心情涂鸦法（　）

其他方式______________________________

4. 排压后，效果如何：（排压后填写）

____

3. 填一填我的自画像，助力认知自己、分析自己和完善自己。

提示：

“父母眼中的我”和“朋友眼中的我”选项的填写可以通过面谈或借助于微信、QQ等形式完成，以关键词的形式呈现即可。

我的自画像

我对自己比较满意的地方	1. 2. 3. ⋮
我对自己还不满意的地方	1. 2. 3. ⋮
父母眼中的我	
朋友眼中的我	
我的偶像是谁？从他/她的身上，我收获到的正能量是什么	
我需要提升的方面	1. 2. 3. ⋮

活动评价与总结

评价项目	具体内容	评价等级		
		☆☆☆	☆☆	☆
知识积累	SMART 原则			
	番茄工作法			
	责任担当的含义			
	广播剧设计制作流程			
	辩论赛流程			
能力增长	能够按计划合理规划和有效利用自己的时间			
	能够在工作学习之余学会自我解压，自我调整			
	能够客观地对问题进行分析、评估并提出解决方案			
	能够在团队中准确且有条理地表达自己想法			
	能够根据工作任务合理调配物质和人力资源			
	能够在团队活动中采用有效且适当的方法与对方进行沟通和交流			
素养提升	培植爱国情怀，树牢主人翁精神			
	养成自主学习、勇于探究的学习品质			
	强化责任意识，激发担当精神			
	养成自我约束和管理的好习惯			
心得体会：（可以从多个方面撰写，例如收获、不足、今后努力方向及打算）				
教师评语：				

注：☆☆☆代表非常好；☆☆代表较好；☆代表一般。

第三篇

明礼守信

主题活动一：明礼修品　求真尚美

活动背景

近年来，随着时代的快速发展和社会越来越多样化，不同的文化价值日益被认可，多元文化模式并存，导致文化和价值间相互沟通和碰撞越来越突出。中国科学院院士、教育家杨叔子先生曾说：“没有先进的科学技术，我们会一打就垮；没有人文精神、民族传统，一个国家、一个民族会不打自垮。”可见，加强人文素养、人文精神教育，目前已成为教育中的一个热门话题，针对教育改革和思政教育中的薄弱环节，通过充分发掘中华传统文化的内涵，为人文素养的培养提供新的视角。作为一名准职业人的我们，更应该清楚地认识到在校学习期间应建构仁义济世、敬业乐群、追求自我完善的人文精神，明确职业礼仪，为未来走向社会、担负社会责任打下良好的精神文化基础。

活动目标

1. 通过学习礼仪相关知识，加深对传统礼仪、现代礼仪的认识，了解礼仪之美。

2. 通过基本礼仪姿态训练，培养个人勇于展现自我的信心和意识，体会到贯穿于我们生活的每一个环节的优雅仪态对于生活的重要性。

3. 通过礼仪展示大赛，锻炼个人的活动组织协调能力，培养个人的审美情趣和形象礼仪素养。

4. 通过诵读经典名著，深入理解其蕴含的精神理念、人文底蕴及艺术价值。

5. 通过探寻名人足迹活动，近距离触摸文化名人的内心世界和内在品格，培养对祖国文化的热爱和眷恋之情，培养个人人文精神和高尚情操。

6. 通过扇面画走秀活动，提升个人的创新能力、沟通交流作能力，培养个人合作意识和创新意识。

活 动 安 排

活动名称	主要活动内容	活动时长
礼仪，形象的天使	知礼	5周
	懂礼	
	习礼	
人文点亮生活	读经典书籍	6周
	探人文情怀	
	创人文环境	

活动一　礼仪，形象的天使

活动描述

良好的礼节礼仪是一个人道德修养的外在体现，它既能表示出对他人的尊重，又能博得人们的喜欢。以普及礼仪知识、丰富学生在校生活、加强修养、提升气质为目的开展此项活动，使同学们学习礼仪、知道礼仪、懂得礼仪、遵守礼仪，了解职业礼仪，养成礼仪习惯，树立良好的个人形象，开启我们成功的职业生涯。

活动过程

【任务一】知　礼

中国素有“礼仪之邦”之称，随着历史的推移形成了如今的礼仪规范。作为一名中国人，你了解礼仪么？那就让我们从选读礼仪书籍开始学习礼仪的相关知识。

1. 阅读一本关于“礼仪”的书籍，读书过程中制作读书笔记与心得随笔。

提示：

- 推荐书目：《中华传统礼仪》《优雅是一种力量》《孝经·礼记》《女孩的第一本实用礼仪书》《中国礼仪》《礼仪与文化》《内修外塑》。
- 读书笔记可参考如下模板。

书本基本信息：

书名：__________　作者：__________

简介：__________

经典摘抄：__________

学到的礼仪知识：__________

心得体会：__________

2. 请大家模仿如下站姿、坐姿、立姿示范，两人一组，一对一模拟训练。

提示：

下图为女生站姿、坐姿、蹲姿示范，男生可上网查找相关资料后练习。

女生站姿示例

女生坐姿示例

女生蹲姿示例

【任务二】懂　礼

学习礼仪、运用礼仪有助于提高个人修养，提高个人文明程度，更能够促进整个民族的文明程度。那就让我们从关注礼节开始，学会做一名懂礼的学生。

在我们的日常生活中，我们出入不同的场合都需要注意自己的礼仪，现在就请大家一起参与实践训练，并将礼仪操作要领记录于下表中。

提示：

礼仪实训记录主要记录训练方式方法，如：一对一模拟训练或一个人对着镜子练。

类型	礼仪操作要领	模拟实训记录
不同国家见面礼仪		
自我介绍礼仪		
握手礼仪		
名片礼仪		
中餐进餐礼仪		
西餐进餐礼仪		
自助餐厅礼仪		
茶话会礼仪		

续表

类型	礼仪操作要领	模拟实训记录
沟通礼仪		
接打电话礼仪		
通信礼仪		
求职面试礼仪		
办公礼仪		
校园礼仪		
家庭礼仪		

【任务三】习　　礼

经过一段时间的学习和训练，相信聪明的你对职业中所蕴含的很多礼仪知识肯定有了一定的理解和认识，相信大家一定跃跃欲试，想在“知礼、懂礼、明礼”礼仪展示大赛中一展身手吧！

学习礼仪相关知识后，让我们一起参与到文明礼仪展示大赛中，检验一下我们的学习成果。

提示：

- 礼仪大赛要求人人参与，具体可参考下面评分标准。

礼仪展示大赛活动方案

序号	事项	内容
1	背景目的	为了使大家在学习和生活中感知礼仪、领悟礼仪、践行礼仪，推动现代文明礼仪内化于心、外化于形。同时为提高同学们的综合素养，展现精神风貌、丰富校内生活，做“知礼、懂礼、明礼”的未来高素质职场人，特开展本次礼仪展示活动
2	场地要求	学校大礼堂
3	活动时长	60~80 分钟
4	参与人数	全班同学 + 礼仪社同学
5	材料准备	奖状、记号笔、相机、DV、服装、道具等
6	步骤流程	（1）校园礼仪 如服装穿着，发型等，要符合学校规定。 （2）基本礼仪 如站姿、走姿、坐姿、蹲姿等，规定动作必须选。 （3）交往礼仪 如打招呼、握手、鞠躬、递物与接物等。 （4）礼仪情景剧 自编展演内容，故事情节流畅，突出礼仪展示内容
7	活动小结	

活动二　人文点亮生活

活动描述

科技的进步给人类带来了巨大的财富和利益，同时也给人类带来了深刻的危机和隐患，精神生活的追求有时被忽视。著名建筑学家梁思成先生认为，懂得工程而缺少人文修养只能算半个人，他反对“半个人的世界”，强调教育要“理工与人文结合”。因此，我们不光要“干一行精一行”，还需要人文涵养和审美底蕴，提升自己的核心素养，从更深层次上构建我们的内心秩序和精神世界，为我们的终身发展和持续成长奠定坚实的基础。

活动过程

【任务一】读经典书籍

《诗经》《论语》《史记》《文化苦旅》《外滩佚事》《文学的故乡》等经典书籍和影片中都蕴含着深厚的人文素养和精神财富，请同学们分小组挑选部分经典书籍，说说其中蕴含的人文理念，并用手中的笔画出心中的文化名人，从而不断完善自己的职业素养和人格品质，做一个有文化的职业人。

请同学们选读两本经典书籍（或观看影片），试着列出四种人文理念填入下图中。

提示：

- 如若不确定选的书籍和影片是否符合要求，建议先跟指导老师探讨一下。
- 如若不理解人文精神的含义，可查阅资料或向老师寻求帮助。

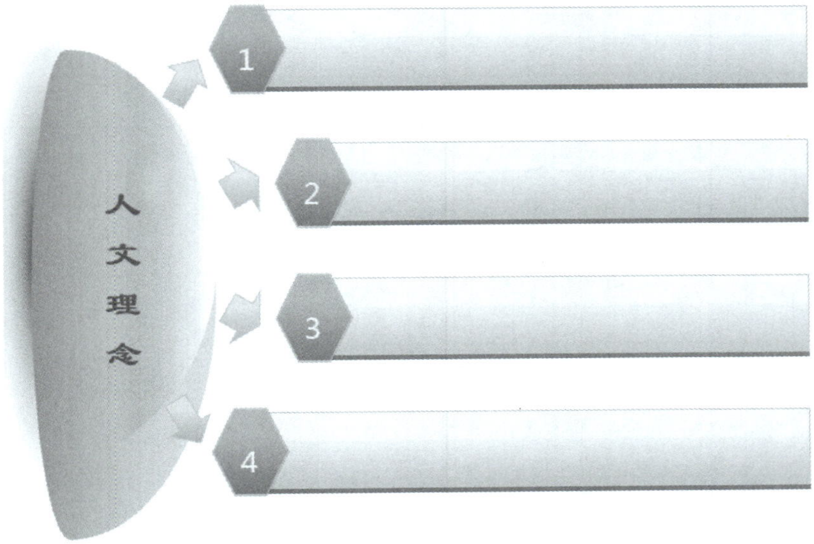

【任务二】探人文情怀

我们生活的城市深处隐藏着很多古老的文化根基。现在，让我们来一场说走就走的人文探访之旅，深入触摸城市文化记忆，品味先辈们的人文情怀，传承一个城市的人文精髓。

1. 寻访人文足迹，并完成活动记录表。

提示：

- 同学们可以根据自己的兴趣自行分组，设计寻访探究重点。
- 以“上海文庙”为例，你可以去探究文庙名称的来源，也可以去探究文庙的建筑格局，也可以去体味“二十四孝文化”的精华与糟粕等。

人文足迹记录表

小组名称			
组长		组员	
寻访地点		寻访时间	
寻访主题：			
寻访收获：			

2. 请选择一处人文景观开展实地探究，运用手机拍摄记录并配上讲解词，制作成一部人文景观短视频。

提示：

- 选择自己感兴趣的人文景观进行实地探究并确定讲解主线，可参考如下样张（以草婴书房为例）。
- 人文景观讲解突出思想特征，在讲解中可以实景描述、背景介绍和引导认知恰当地结合起来。
- 人文景观拍摄需把握人文景观的审美特征。

“云游人文景观视听盛宴”活动记录单

人文景观名	
实地探究时间	
讲解配备素材	视频 □　　PPT □
多媒体制作团队名单	
讲解团队名单	
主要讲解内容	
草婴生平经历	
草婴翻译作品	
草婴故居风格	
草婴书房陈列	
草婴手稿	
⋮	
活动心得收获：	

【任务三】创人文环境

随着科技的发展和人们日常生活条件的改善，如今的扇子已从实用品演变为欣赏品，扇文化的魅力也愈加浓厚。它不仅体现于人们对扇子的使用，而且更在于对扇子的欣赏。学校下个礼拜将开展“创意扇面设计比赛”活动，鼓励同学们用动手实践的方式传承优秀文化，开发创造潜能，培育审美理念。

1. 解读纸扇文化，请同学们分组探讨，纸扇的扇面上通常都有些什么图案，蕴含着什么文化知识。

提示：

以“花中四君子（梅兰竹菊）”为例，选择其中一种画一画并配上文字，并对它的象征意义进行阐释。

2. 创意无极限，请你用自己的双手创作出一幅具有诗情画意的扇面文化美图。

提示：

- 提前购买白面纸扇。
- 以个人或小组合作的形式设计图案，并配以寓意美好的文字。
- 文字可以是一句话，可以是诗词，也可以是对联。
- 图文匹配，可参考如下扇面效果图。

3. 视觉盛宴——请同学们在校园内开展一场别开生面的“扇面画走秀”活动。

提示：

- T台秀，形式可多样，可寻求艺教老师帮助指导。
- 服饰和扇子等整体搭配要协调，女生可穿旗袍，男生可穿长袍；男生可头戴方巾，女生可以用簪子把头发盘起来。

“扇面画走秀”活动记录单

作品名称	作品特色	展示方式
作品照片粘贴处：		

自信的我最美

照片 1	照片 2
照片 3	照片 4

活动评价与总结

评价项目	具体内容	评价等级		
		☆☆☆	☆☆	☆
知识积累	传统礼仪知识			
	现代礼仪知识			
	职业礼仪规范			
	传统文化相关知识			
能力提升	能够在小组合作中认真倾听他人的意见和建议			
	能够在大型展示活动中大胆展示自己的才能			
	能够在商务活动中具备良好的交往礼仪			
	能够合理运用色彩和绘画技巧传达自己想法			
	能够在团队活动中采用有效且适当的方法与对方进行沟通和交流			
	能够对客观问题进行分析并提出解决方案			
	能够根据工作任务合理调配物质和人力资源			
素养提升	树立人文精神和开拓创新的科学精神			
	塑造个人形象礼仪素养和文明素养			
	养成自主学习、勇于探究的学习品质			
	提升人文素养和人文底蕴			
	提高审美情趣和审美观			

心得体会：（可以从多个方面撰写，例如收获、不足、今后努力方向及打算）

教师评语：

注：☆☆☆代表非常好；☆☆代表较好；☆代表一般。

主题活动二：诚实守信　至善至真

活动背景

诚信是中华民族的传统美德，但在现实生活中有时会存在不诚信的现象。例如在学校有考试作弊、抄袭作业、言行不一、欺骗他人等现象。然而诚信对每个人来说都是一笔享用终生的财富。各行各业对诚信都有规范性的要求。拥有诚信的品质，才能走得更远，走得更顺利，但是拥有诚信也仅仅是独善其身的一部分，如果能发现身边人与事的美好，感恩身边的人和事，才有助于养成回报社会、奉献社会的自觉。

活动目标

1.通过阅读诚信相关书籍，提升自身诚信意识和明辨是非能力。

2.通过主题论坛活动，了解各行各业的诚信规范，提升个人法律意识和责任意识，提高理性思维和辨别能力。

3.通过五个“一”活动，唤醒个人用行动感恩的意识。

4.通过用相机定格感动一刻活动，培养个人洞察力和多媒体技术运用能力。

5.通过爱心义卖活动，用自己的实际行动提升社会责任意识。

活 动 安 排

活动名称	主要活动内容	活动时长
诚信，立人之本	诚信立学	4 周
	诚信立身	
	诚信立业	
知恩于心 感恩于行	知感恩	5 周
	感动一刻	
	感恩于行	

活动一　诚信，立人之本

活动描述

诚信不仅是一种品行，更是一种责任；不仅是一种道义，更是一种准则；不仅是一种声誉，更是一种资源。就个人而言，诚信是高尚的人格力量；就企业而言，诚信是宝贵的无形资产；就社会而言，诚信是正常生产生活的秩序；就国家而言，诚信是良好的国际形象。作为年轻一代的我们，身上肩负着振兴中华的责任，所以我们一定要明确自己身上的职责与使命，切实在生活中与学习中做一个诚信的人，把我们中华民族的优良传统美德——诚实守信发扬光大。

活动过程

【任务一】诚 信 立 学

诚信，既是一种力量，更是一种财富。一个讲诚信的人，会被人们称赞、尊重和信任。要想做到诚信，就要从生活中点点滴滴的小事做起，在今后的学习生活中，处处做到诚信，为将来的职业道路打下坚实的基础。

1. 请同学们一起收集一些与诚信相关的名人名言，阅读诚信书籍，并说说自己的诚信观。

说 诚 信

名人名言 （3~5 句）	
我的诚信阅读书单	1. ______ 2. ______ 3. ______ 4. ______ 5. ______
我的诚信观	

2. 请同学们全员参与，民主协商，共同拟定大家共同认可的班级诚信公约，并组织全班同学学习并宣誓。

提示：

可以运用相关软件制作，此处边框仅作参考，可自行创意。

【任务二】诚 信 立 身

诚信是每个人必备的品格，讲诚信的人，处处受欢迎，不讲诚信的人，人们会忽视他的存在。诚信是为人之道，是立身处事之本。一个人如果失去了诚信，将在社会上没有立足之地。因此，我们不仅要养成讲诚信的良好习惯，更需要督促、提醒周围人：诚信是做人的准则。

1. 考考你的诚信，请回答以下问题。

考考你的诚信

序号	问题	答案
1	捡到钱之后，你是会上交还是自己用掉	
2	考试的时候你有一道吃不准的题目，而这时同桌恰好已经答完了，这时你会怎么做	
3	当你的好朋友在考试时向你询问答案，你会怎么做	

续表

序号	问题	答案
4	你平时有做过对家长不诚信的事吗	
5	家长做的哪些不诚信的行为是你最不能接受的	
6	如何看待老师的一些不诚信行为，对此你有何感受	
7	对于社会上的一些不诚信行为，你有何想法	
8	你是否诚实的回答了以上的题目	

2. 请同学们一起参与讨论，遇到下列情形你将会怎么做。

（1）在路上，突然有陌生人来问路，当你认真回答时，他暗示你还没吃饭或没有路费。（提示：可以向他提供最近公安局的地址或拨打110给予其必要的帮助，千万不要跟着他走或给予钱财。）

（2）手头钱不够，看到在电线杆上贴着的免抵押贷款、一天到账的小纸片，是否拨打了解下？（提示：近年很多套路贷，以低息诱惑，辅以高额超期罚款，在你低息时还款无门，罚款达到一定程度就来催缴。）

（3）某同学用QQ、微信向你借钱或让你代买某些网络商品。（提示：语音也可能是假的，首先，不轻易借钱；其次，一定要自己打电话确认；再次，一定要有凭证。一个与你关系一般、平时交集不多的人突然问你借钱或让你帮忙购买网络商品，极有可能是他被盗号了。）

（4）突然有一个短信说你的快递丢了，需要登录某网址，走退款流程。（提示：不点击陌生链接，也可以拨打快递公司客服电话加以确认。）

【任务三】诚 信 立 业

有一句名言“人无信不立”，一个没有诚信的人是不会有任何人愿意与之来往的。想要在职场中扎根立足，首先要做到的就是以诚信为准则。

请举办一场以“让职场从此诚信”为主题的论坛。

“让职场从此诚信”论坛

序号	事项	内容
1	背景分析	由人民网、智联招聘、知了背调联合制作的《中国职场诚信调研报告》调查显示，职场失信重灾区在招聘阶段，其中，面试失约、夸大工作技能经验、简历基本信息虚假位列失信行为的前三位。在背景调查中，常见的失信行为包括：在职时间作假、隐瞒多次跳槽经历、存在负面评价、证明人作伪证和教育背景作假等
2	场地要求	多媒体教室
3	活动时长	40~60 分钟
4	参与人数	全班同学 + 观摩学生
5	材料准备	演讲台、席卡、笔记本、相机、DV、话筒等
6	步骤流程	（1）知名企业一 CEO 演讲：让职场从此诚信。 （2）知名企业二 CEO 演讲：职场中的诚信问题和对策。 （3）知名企业人力资源演讲：职场诚信中的法律问题。 （4）学校就业办领导演讲：诚信与自律。 （5）论坛讨论环节
7	活动小结	

活动二　知恩于心　感恩于行

活动描述

知恩感恩是一种生活态度，是一种思想境界，是一种处世行为，是一种修养，是中华民族的传统美德，更是一种美好的情感境界。一个常怀感恩之心的人，一个懂得感恩之心的人，必定是人格健全之人，必定有非凡的人格魅力。可如今的我们，大多是独生子女，都是在父母亲百般呵护、悉心照料下无忧无虑地成长。我们习惯于接受爱，习惯于“说一不二”，却很少会想到为父母、为这个社会分担些什么。在教育条件日新月异的今天，让我们在享受物质生活日益丰富的同时，用心感受生活，善于发现事物的美好，感受平凡中的美丽，品味幸福的点点滴滴，让感恩成为一种习惯，让感恩成为一种生活方式。

活动过程

【任务一】知　感　恩

心怀感恩，方得始终。“一饭千金”“谁言寸草心，报得三春晖”“投我以木桃，报之以琼瑶”，无数的典故都在诉说着中华民族的传统美德——感恩的故事。其实，并非大恩大德的举动才是报恩，对别人点滴的行为知道报答其实就是感恩的一种表现。

请你试着在五个“一”活动中，真实地做好记录，与同学们一起分享你的心情故事。

五个“一”活动记录表

序号	要求	我的心情故事
1	读一本感恩的书	
2	听一堂感恩的课	

续表

序号	要求	我的心情故事
3	写一封感恩的信	
4	做一件感恩的事	
5	自制一份感恩礼物	
心得体会：		

【任务二】感 动 一 刻

无论多么寒冷，也不能降低爱的温度。世间总有一种温暖能够融化冰雪、不惧严寒。总会有那么一些人、一些事会让我们的心中无限温暖。那，或许是危险面前勇敢挺身的举动，或许是对老人的一个搀扶，还或许是为邻里和谐的一个笑脸……

让我们拿起相机，打开手机镜头，定格在那一个个最让你感动的画面。告诉大家你感受到的“温暖”，让大家跟随你的镜头一起分享那份暖暖的感动。

提示：

- 请把镜头聚焦展现最美瞬间，通过合理的构图、恰当的手法，记录美丽，记录感动。
- 摄影器械不限，接受单反相机、手机、平板电脑等多种设备的作品参赛。
- 作品应当以纪实的手法进行，体现感恩之心，后期加工仅限于画幅剪裁和有限的色调、明暗调整。

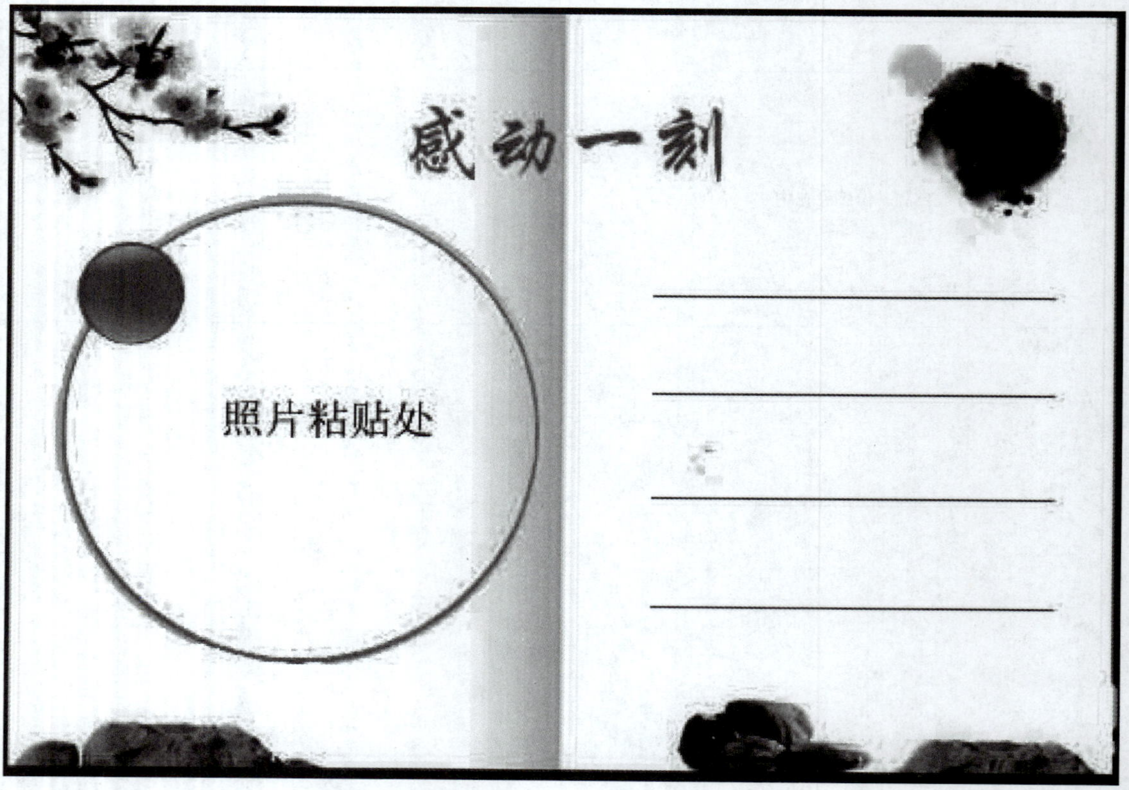

【任务三】感 恩 于 行

感动一刻，感动我们身边原来有这么多默默奉献的事迹，有这么多无私奉献的人。他们是我们学习的榜样，让我们也尝试着记住他们，学习他们，成为他们。让我们尝试着开展一次义卖活动，尝试着用自己的劳动成果为需要的人表达小小的心意。

"千里爱心一线牵"手工艺品义卖活动。

提示：

爱心手工艺品必须是由同学自己设计精心制作的作品，如发夹、手工包、香囊等。

"千里爱心一线牵"手工艺品义卖

序号	事项	内容
1	背景目的	虽然我们现在丰衣足食，但贫困山区的孩子们却在生活和学习中面临困难，我们应该向他们伸出援手，献一片爱心，送一丝暖意，让人人心中春光和煦。让我们常怀爱心，多做善事好事，养成关爱互助的良好习惯，弘扬友爱向善的美德风尚
2	场地要求	校园篮球场
3	活动时长	40~60 分钟
4	参与人数	卖家（全班同学）、买家（全校师生）
5	材料准备	制作义卖手工作品所需材料、义卖品展放台、义卖宣传海报等
6	步骤流程	（1）设计制作义卖手工作品。 （2）制作义卖宣传海报。 （3）布置义卖点摊位。 （4）义卖作品摆放、标价、核价。 （5）清点义卖善款，并公布善款金额。 （6）视频连线贫困山区事先对接好的小学。 （7）举行网上捐赠仪式。 （8）师生代表发言。 （9）活动结束，清理遗留垃圾及物品
7	活动小结	

活动评价与总结

<table>
<tr><th rowspan="2">评价项目</th><th rowspan="2">具体内容</th><th colspan="3">评价等级</th></tr>
<tr><th>☆☆☆</th><th>☆☆</th><th>☆</th></tr>
<tr><td rowspan="4">知识积累</td><td>诚信守信的基本含义</td><td></td><td></td><td></td></tr>
<tr><td>企业诚信文化</td><td></td><td></td><td></td></tr>
<tr><td>论坛开展流程</td><td></td><td></td><td></td></tr>
<tr><td>义卖活动流程</td><td></td><td></td><td></td></tr>
<tr><td rowspan="7">能力增长</td><td>能够对事物进行观察、比较、分析、综合、抽象、概括，并作出合理的判断和推理</td><td></td><td></td><td></td></tr>
<tr><td>能够客观地对问题进行分析、评估并提出解决方案</td><td></td><td></td><td></td></tr>
<tr><td>能够根据工作任务，合理调配物资和人力资源</td><td></td><td></td><td></td></tr>
<tr><td>能够在团队活动中准确且有条理地表达自己的想法</td><td></td><td></td><td></td></tr>
<tr><td>能够在团队活动中采用有效且适当的方法与对方进行沟通和交流</td><td></td><td></td><td></td></tr>
<tr><td>能够合理运用多媒体软硬件设施</td><td></td><td></td><td></td></tr>
<tr><td>能够不断学习，不断产生新观念、新创意</td><td></td><td></td><td></td></tr>
<tr><td rowspan="7">素养提升</td><td>树立民族精神和勇于奉献的精神</td><td></td><td></td><td></td></tr>
<tr><td>提高对诚信意识和感恩意识的认知</td><td></td><td></td><td></td></tr>
<tr><td>养成知恩图报的生活态度和处世行为</td><td></td><td></td><td></td></tr>
<tr><td>强化责任意识，激发担当精神</td><td></td><td></td><td></td></tr>
<tr><td>树立正确的法律意识和法制观念</td><td></td><td></td><td></td></tr>
<tr><td>增强创新意识，推动创新实践</td><td></td><td></td><td></td></tr>
<tr><td>养成批判质疑的科学精神</td><td></td><td></td><td></td></tr>
<tr><td colspan="5">心得体会：（可以从多个方面撰写，例如收获、不足、今后努力方向及打算）</td></tr>
<tr><td colspan="5">教师评语：</td></tr>
</table>

注：☆☆☆代表非常好；☆☆代表较好；☆代表一般。

第四篇

尊 职 敬 业

主题活动一：爱岗敬业　乐业精业

活动背景

中国梦，是实现中华民族的伟大复兴，这个梦想凝聚了几代中国人的夙愿。实现中华民族伟大复兴，需要大家共同努力。爱岗敬业作为社会主义职业道德规范重要的一条，是社会对从业人员的最基本的职业道德要求，对于即将走上工作岗位的我们，尊重自我的职业，立足岗位、坚守初心、尽职尽责做好本职工作，把自我的梦想同民族的梦想紧密地联系起来，是我们立身做人、干事创业的基本要求，也是实现个人人生价值的需要。

活动目标

1.通过红色革命电影原声配音大赛，培养个人爱国情怀和革命精神。

2.通过绘画、摄影作品展，提升个人审美意识。

3.通过“真爱岗位 履职尽责”演讲活动，提高个人口头表达能力和语言综合运用能力。

4.通过劳模进课堂活动，激发个人向劳模看齐、追星劳模的内驱力，培养劳动热情和无私的奉献精神。

5.通过寻找身边平凡岗位上的工匠，培养个人努力工作、刻苦钻研、精益求精、专注以求极致的工匠精神。

6.通过担当使命，苦练匠艺活动，激励个人从自己做起，从点滴做起不断提升自己的技能水平和劳动热情，激发自信心，追求卓越的信念。

活 动 安 排

活动名称	主要活动内容	活动时长
爱国·爱岗·敬业	寻红色印记 扬爱国情怀	6周
	平凡岗位的不平凡	
	敬业从爱岗开始	
乐业·精业	走近劳模	6周
	寻找工匠	
	匠心筑梦	

活动一　爱国·爱岗·敬业

活动描述

坚守初心、爱岗敬业、辛勤工作，不仅仅可以满足我们每个人的生存需要，也影响着我们未来的人生和事业。因此，我们学习、体悟爱岗敬业精神，在活动中追忆革命岁月，传承红色精神，提升爱国情怀，将爱国之心转化为报国之行，将自我的爱好与所从事的工作结合起来，做到无论从事什么职业，都要精诚所至、乐在其中。

活动过程

【任务一】寻红色印记 扬爱国情怀

十月是爱国教育主题月，学校将开展一系列爱国主题活动，使同学们重温红色历史，激发爱国热情，增强精神力量，传承红色精神。

1. 请参加以“追忆革命岁月，传承红色文化”为主题的红色革命电影原声配音大赛。

“追忆革命岁月，传承红色文化”红色革命电影原声配音大赛

序号	事项	内容
1	活动目的和意义	通过以“追忆革命岁月，传承红色文化”为主题的红色革命电影原声配音大赛，激扬青春生命，传承红色精神，让正义之血为之喷涌，让团结之棒为之传递，让真理之情为之坚定！这次活动，也为让广大同学感受到红色经典的魅力和配音的乐趣，加深对红色文化的理解，提高同学们的爱国情怀和科学文化层次。让红色经典超越时空的生命力，成为激励祖国未来接班人追求理想和信仰的动力与源泉
2	场地要求	教室
3	时间安排	8~10 分钟
4	参与人数	每组配音人数不超过 5 人
5	材料准备	参赛选手可上网查阅相关红色革命影片，并于比赛前自选相应影片，处理好配音片段

续表

序号	事项	内容
6	活动内容和要求	1. 参赛者在广泛了解相关革命的电影后，自选一段配音影片进行模仿配音表演
		2. 影片内容积极向上（革命片或爱国片），能真实反映当时革命性的社会、人生和思想等，也可适当创新
		3. 参赛选手可上网查阅相关红色革命影片，并于比赛前自选相应影片，处理好配音片段（也可自选合适的背景音乐）
		4. 不可带纸稿，请尽量脱稿完成表演
7	表演部分具体要求	1. 表演人数合理，服装统一得体，注意仪容仪表
		2. 表演主题明确，对剧中人物特性表现充分，舞台感染力强
		3. 进场和退场合理安排有序，配音中突显团队协作力
8	活动小结	

2. 现准备开展“在那个感人的年代”绘画、摄影作品展，请同学们拿起画笔，架起相机，加入到寻找红色足迹绘画、摄影作品征集活动中。

“在那个感人的年代”绘画、摄影作品征集

作品形式	绘画□　摄影□
设计团队	
思路	
作品	

【任务二】平凡岗位的不平凡

校园里的平凡工作者，你可能与他们数次擦肩而过，却没有认真了解过他们的工作。下面让我们一起走近他们，来听听他们的故事。从身边这些平凡岗位上的平凡人所诠释的不平凡的精神、优秀品质，鼓励每个人学习先进，感悟平凡人生中的不平凡。五月，是枝繁叶茂的季节，也是劳动者的节日，三天的小长假，有人选择外出游玩，有人选择宿舍休憩。但校园里，仍有一些人如往常一样，默默地坚守着他们的岗位，做着不同的事情。这些事情看似平凡却与你的生活息息相关。

1. 寻校园中那些默默付出、忙碌的身影，采访并了解他们的工作，为他们撰写一篇简讯发布到校园网。

提示：

- 采访过程中可以两位同学合作，手动记录或者录音。
- 简讯要求图文并茂。

平凡岗位的不平凡

工作者名称	
工作岗位	
所属部门	
工作描述	
推荐理由	
简讯	

2. 跟拍这位工作者一天的工作，以“平凡岗位的不平凡”为主题制作短视频，并在校园内展播。

提示：

- 手机拍摄或者DV拍摄。
- 拍摄中要突出工作者的工作热情。

拍摄方案

序号	景别	场景	画面内容	时间	拍摄方式	备注
1						
2						
3						
4						
5						
……						

【任务三】敬业从爱岗开始

中华民族历来有“敬业乐群”“忠于职守”的传统，培育敬业精神至关重要，尊重自己所从事的职业，认同自己的岗位，追求岗位的社会价值，也是敬业精神的核心体现。

围绕“真爱岗位，履职尽责”的主题，讲述身边人爱岗敬业、忠诚奉献的典型事迹。

“真爱岗位 履职尽责”演讲活动

	事项	内容
1	活动目的和意义	以“真爱岗位 履职尽责”为主题，通过演讲交流，营造爱岗敬业、勇于奉献的浓厚氛围，切实体会广大普通劳动者的主人翁意识和企业归属感
2	场地要求	教室或者会议室
3	时间安排	演讲时间控制在 5~10 分钟
4	奖项说明	比赛不分预、决赛，由评委现场打分亮分，根据参赛选手得分排名评奖。演讲次序在赛前以抽签方式决定
5	内容要求	演讲稿自拟，以“真爱岗位，履职尽责”为主题，讲述身边人爱岗敬业、忠诚奉献的典型事迹。演讲稿字数在 1500 字之间为宜，力求主题突出、素材丰富、事迹生动、文笔流畅，有较强感染力、号召力和宣传引导作用
6	演讲要求	要求选手脱稿演讲，普通话标准流利，仪表端庄，着装整洁，举止大方，有良好的精神风貌。语言有感染力，突出事迹
7	活动小结	

活动二　乐业·精业

活动描述

在共和国的光辉历史上，各条战线涌现出成千上万的先进模范人物。他们在不同的发展阶段，始终走在改革开放和社会主义现代化建设的最前线，以忘我的献身精神激励着一代又一代劳动者为祖国的繁荣富强而拼搏，他们才是我们最该追的“星”。在活动中，让我们近距离接触劳模，感悟劳模品格，只有不断在自己的技能领域内精益求精、追求卓越，才有可能成长为行业的领军人物。

活动过程

【任务一】走 近 劳 模

劳动模范，是时代的先锋，代表了社会的文明进步。他们的成长故事中饱含着自己对劳模品格的认知、工匠精神的解读。让我们走近劳模，学习劳模身上主人翁的责任感、忘我的劳动热情、无私的奉献精神、良好的职业道德和爱岗敬业精神。

1. 邀请劳模进课堂，聆听劳模故事，谈心得体会。

“劳模进课堂”有感

劳模	
职业	
主要成就	
心得体会	

2. 请以小组为单位在全校范围内开展“劳模就在我身边”为主题的宣讲活动。

“劳模就在我身边”宣讲活动

序号	事项	内容
1	活动目的和意义	通过以“劳模就在我身边”为主题的宣讲活动，让同学们在宣讲的过程中，通过寻找劳模故事、撰写故事脚本、演讲等活动，激发个人崇尚劳模、向劳模看齐的愿望
2	场地要求	教室
3	时间安排	8~10 分钟
4	参与人数	每组不超过 5 人
5	材料准备	宣讲资料可上网查阅，自行撰写好故事脚本，做好 PPT，配以插图和背景音乐
6	活动内容和要求	（1）宣讲团队应深入了解相应的劳模成长故事
		（2）宣讲内容积极向上，能真实反映劳模的成长历程、思想动态，可适当创新
		（3）宣讲过程中不可携带纸稿
7	宣讲过程具体要求	（1）宣讲团队服装统一得体，注意仪容仪表
		（2）宣讲主题明确，人物特性表现充分，具有感染力
		（3）PPT 图文及背景音乐处理得当
8	活动小结	

【任务二】寻 找 工 匠

人们常说：“玉不琢，不成器”。在快速发展的今天，以耐心、严谨、专业、精益求精为内涵的工匠精神依然有着重要的价值和意义。大国工匠是影响时代的力量，我们寻找大国工匠，呼唤工匠精神，就是希望让工匠精神绽放光彩，得到传承与发展。体会数十年如一日地追求着职业技能的极致化，靠着传承和钻研，凭着专注和坚守，缔造了一个又一个“中国制造”神话故事的执着精神。

1. 观看中央电视台特别节目《大国工匠》“8 个工匠，8 双劳动的手”所缔造的神话，谈谈感悟体会。

体悟

___

___

___

___

___

实践

___

___

___

___

___

2. 请同学们以小组为单位，以“匠人之手”为主题，抓拍校园内那一双双认真专注做事的勤劳之手，拍摄下来并配上说明文字，制作成宣传手册。

活动记录单

小组名		组长	
人员分工			
拍摄			
配图文字			
排版设计			
宣传册名称			
宣传语			
设计思路			

【任务三】匠 心 筑 梦

劳模身上的责任感、无私的奉献精神，以及他们良好的职业道德和爱岗敬业精神是激励我们不断前进的动力。因些，追求质量，重视品质，打造品牌，将一丝不苟、精益求精的“工匠精神”融入到生产的每一个环节，带动中国品牌更好地走向世界，是我们年轻一代的不懈追求。

1. 请同学们寻找身边感人的普通劳动者，以他们的故事为主体，辅以简明扼要、通俗易懂的论述和贴切精美的插图，形象生动地诠释工匠精神，设计制作一册《劳模·工匠》校园读本，力求让每个人读得顺、记得住、吃得透，进而内化为力量，升华为态度，付诸于行动，用技能报国的理想雕塑自己的工匠人生。

提示：

- 设计、排版、制作过程可寻求媒体专业老师帮助。
- 读本内容积极向上，色彩搭配合理。
- 人物选择可以是身边典型的普通人物（优秀老师、学生技能奖获得者等）。

设计制作《劳模·工匠》校园读本

<table>
<tr><th>序号</th><th>事项</th><th colspan="2">内容</th></tr>
<tr><td>1</td><td>设计理念</td><td colspan="2"></td></tr>
<tr><td>2</td><td>指导老师</td><td colspan="2"></td></tr>
<tr><td>3</td><td>时间安排</td><td colspan="2"></td></tr>
<tr><td rowspan="8">4</td><td rowspan="8">人员分工</td><td>总策划</td><td></td></tr>
<tr><td>校稿统稿</td><td></td></tr>
<tr><td>主审</td><td></td></tr>
<tr><td>摄影</td><td></td></tr>
<tr><td>文字撰写</td><td></td></tr>
<tr><td>版面配图设计</td><td></td></tr>
<tr><td>编辑</td><td></td></tr>
<tr><td>推广</td><td></td></tr>
<tr><td>5</td><td>素材准备</td><td colspan="2">照片由摄像组同学拍摄提供：________________
配文由文字撰写组提供：________________</td></tr>
<tr><td>6</td><td>版块解析</td><td colspan="2"></td></tr>
<tr><td>7</td><td>总结与反思</td><td colspan="2"></td></tr>
</table>

2. 请同学们结合自己的专业学习，找对方法，以实际行动勤学苦练，让劳模品质、工匠精神落地生根。

我有一个技师梦

序号	专业课名称	技能点	训练提升方法
1			
2			
3			
4			
……			

活动评价与总结

评价项目	具体内容	评价等级		
		☆☆☆	☆☆	☆
知识积累	演讲的基本礼仪和技巧			
	视频脚本的撰写			
	照相机、DV、录音等多媒体设备的使用			
	视频剪辑和配音合成等多媒体软件的使用			
能力增长	能够主动搜集信息、辨识信息、整理信息、应用信息，寻求解决问题的方法			
	能够结合实际问题进行分析和辨析，并作出正确的决策			
	能够在团队活动中准确清晰地表达自己的想法			
	能够在情况多变的场合快速作出反应和应对措施			
	能够根据工作任务，合理调配物质资源和人力资源			
	能够按计划合理规划和有效利用自己的时间			
素养提升	培养爱国情怀，激发积极奋斗精神			
	体会劳模品质，汲取工匠精神			
	提高审美情趣和审美观			
	激发劳动热情和拼搏精神			

心得体会：（可以从多个方面撰写，例如收获、不足、今后努力方向及打算）

教师评语：

注：☆☆☆代表非常好；☆☆代表较好；☆代表一般。

主题活动二：积极进取　务实创新

活动背景

爱因斯坦说:人们把我的成功归因于我的天才,其实我的天才只是刻苦罢了。可见,“勤奋”是成功的基础之一。那么怎样才能保持良好的精神状态,有所创造、有所建树、有所作为呢？请和老师一起完成这一模块的主题活动，让我们努力做到勤奋学习、增长本领，把“勤奋”的成果运用于实践中去，在实践中激发头脑中创新活动的源动力，不断提升自己的探究和创造能力，努力使自己成为一个更加优秀的人、一名更加优秀的未来职场精英。

活动目标

1.通过寻找古今中外勤奋学习故事，培养个人终身学习意识，养成良好的学习习惯和积极进取的学习态度。

2.通过绘制优秀学长时间九宫格漫画，激发同学们的学习热情以及能以他人为榜样刻苦勤学的精神。

3.通过绘制心理免疫的X光片，能让你正确剖析自己，学会反思，审视自己的优缺点，收获进步的喜悦。

4.通过团队CEO竞选、队员招募、导师聘请,锤炼创新思维训练营学员的领导力、团队合作力、人际沟通力，为后续的团队活动做好团队建设。

5.通过创新思维训练营训练,提升个人应变思维、形象思维、发散思维等创新能力。

6.通过环保创意秀活动，实现低碳环保理念深入人心和创新实践双丰收。

活动安排

活动名称	主要活动内容	活动时长
赢在勤奋	讲故事 学榜样	3周
	看清你心中的“怕”	
	进步从改变开始	
智创任我行	创新从这里起步	8周
	创新思维训练营开营啦	
	大家一起赛	

活动一　赢在勤奋

活动描述

艾默生说过，自信是成功的第一秘诀。建立自信心，突破自己，为未来的职业生涯奠定良好的基础。刻苦学习是争取先进的基础，唯有勤奋好学才能成长成才，唯有刻苦努力才会与时代共舞，为国家做出贡献。习近平总书记曾指出，只有奋斗的人生才称得上幸福的人生，广大青年应该在奋斗中释放青春激情，追逐青春理想，以青春之我、奋斗之我，为民族复兴铺路建桥，为祖国建设添砖加瓦。可见，我们只有树立正确的学习态度，具备主动和勤奋精神，不断完善自我，才能把握现在，抓住机遇，与时俱进。

活动过程

【任务一】讲故事　学榜样

同学们都知道勤奋学习的重要性，刻苦勤奋的最终目的是要促使同学们树立人生志向，磨练意志，发奋学习，提高职业能力与素养。就请同学们完成以下活动，让我们重新理解一下“勤奋”“努力”这些词的深层含义吧！

1. 请在下列框图中写出四至五则古今中外有关勤奋学习的故事，利用班会或晨会课与大家一起分享这些故事。

提示：

故事分享可以以PPT加演讲或制作成短视频的形式呈现。

2. 请寻找身边的优秀学长（例如全国职业院校技能大赛获奖选手、市级奖学金学长等），认真观察他一日的学习、生活轨迹，在九宫格里以漫画的形式记录下激励你的点。

提示：

- 漫画设计内容、版式可自定。
- 邀请美术专业学生协助指导漫画绘制。

【任务二】看清你心中的“怕”

有同学说：我平时也是一直在很努力地学习，可为什么我的成绩总是那么不如人意呢？下面让我们一起来找找究竟什么是影响你前进的最大阻力。

什么是心理免疫的X光片

你是否有过这样的经历：想要改变自己的某一个行为，想尽各种办法，却一直无法达成目标。

更多的时候，改变的难度远远超出了我们的想象。因为就像我们有一套生理免疫系统一样，我们也有一套心理免疫系统，它会抗拒和排斥我们采取新的行为方式，从而维持心理结构的平衡。

而这个心理免疫系统，大都形成于小时候，很多时候我们虽然意识不到，但它却在实实在在地阻碍改变的发生。只有将它彻底暴露在意识的面前，我们才能够去思考它。这是改变的基础。

哈佛大学的心理学家罗伯特·凯根发明了一个工具——心理免疫的X光片，通过它就可以发现心理免疫系统是如何阻碍改变的。

具体来说，“心理免疫X光片”是一张有四个栏目的表格，里面的内容分别是：

(1) 你的改变目标。

(2) 你正在做的跟改变相反的行为。

(3) 这些相反的行为背后的好处。

(4) 让这些好处成立的重大假设。

通过依次找到这些问题的答案，我们就可以看到内心最深处那个拒绝改变的动力。

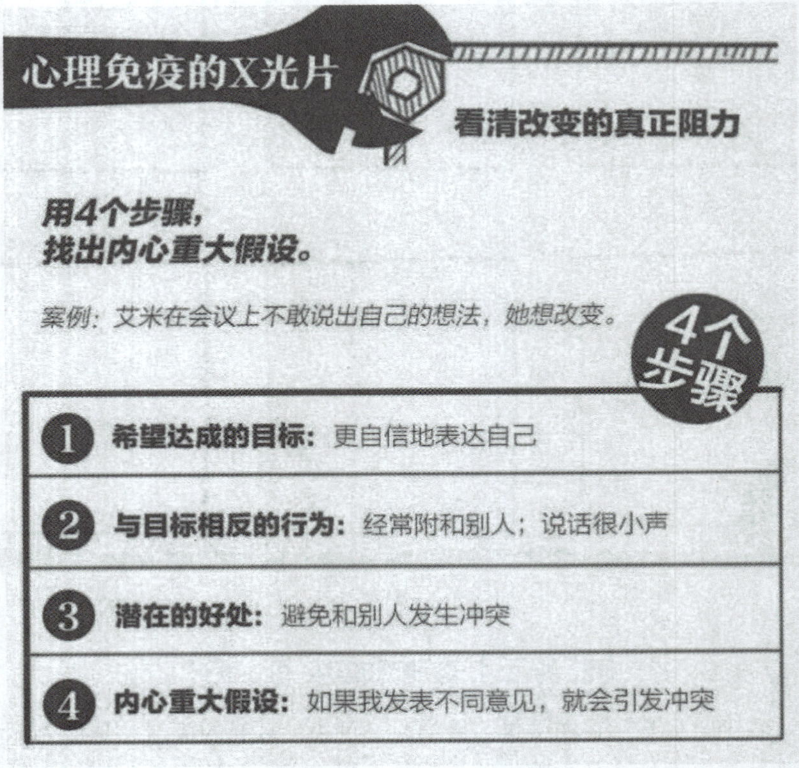

1. 画出个人的心理免疫的 X 光片。

我的心理免疫X光片

序号	问题	回答
1	你想达成怎样的学习目标	
2	你在做的哪些事情是与达成目标相反的	
3	这些相反的行为有什么隐含的好处？ ——如果不这样做，你担心会发生的最糟糕的事情是什么	
4	你心中的重大假设是什么	

2. 通过心理免疫的X片，想必大家一定找到了自己学习成绩提高不上去的原因了吧。那么下面就以英语学习为例，记录下一周每天英语单词背诵量，让我们以实际行动使自己每天进步一点点。

提示：

感想一栏主要记录自己每天的心理变化。

一周单词背诵量记录单

星期	原定背诵量	已完成背诵量	感想
一			
二			
三			
四			
五			
六			
日			

【任务三】进步从改变开始

寻找身边优秀学长，认真观察和记录他们的一日生活学习轨迹，在他们溢出九宫格的激励点中，肯定有你值得学习、也能学得到的点，那就是有计划地安排好每日的生活学习娱乐时间。

在优秀学长的激励中，请你重新制定一份日学习计划和学期计划。

周一至周五每日的学习计划表

时间	活动内容
~	
~	
~	
~	
~	
~	
~	
~	
~	
~	
~	
~	
~	
~	
~	
~	

我的学期计划表

我的职业理想是：________________。

我的本学期目标：________________。

我的座右铭：________________。

我的优势及继续保持优势的方案：

1. ________________
2. ________________
3. ________________

我在学科学习上的薄弱环节：________________

____

解决方案是：

1. ________________
2. ________________
3. ________________

我综合能力上的薄弱点：________________

解决方案是：

1. ________________
2. ________________
3. ________________

我在学习兴趣、习惯、意志等方面的薄弱点：________________

____

解决方案是：

1. ________________
2. ________________
3. ________________

活动二　智创任我行

活动描述

随着市场竞争的日趋激烈，企业在人才招聘中越来越看重学生的创新意识以及应用专业知识解决实际问题的能力。因此，有必要通过灵活多样的形式引导，以个人解决身边实际问题为突破口，带动专业学习，增强创新意识，提升自身竞争力，成为建设创新型国家的源头活水。因此，我们将通过创新思维训练营系列活动，开拓思维，发挥想象，增强动手能力，塑造当代学子青春洋溢、创意无限的精神风貌。

活动过程

【任务一】创新从这里起步

创新是以现有的思维模式提出有别于常规或常人思路的见解为导向，利用现有的知识和物质，在特定的环境中本着理想化需要或为满足社会需求而改进或创造新的事物，并能获得一定有益效果的行为。随着现代科学技术的发展，世界文明将越来越表现为人的创造性。作为青年学生，创新能力的培养则是刻不容缓。让我们行动起来，一同加入创新思维训练营吧。

1. 由班级学生自荐竞选产生营队 CEO（4 名）。

提示：

- 营队CEO将作为创新思维训练营的各小组领袖，须具备较高的个人素质和较强的领导能力。
- 自荐人将通过演讲和个人才能展示的形式由所有营员进行大众评分产生，评分标准如下所示，满分为100分。
- 演讲、个人才能展示的形式不限（限时10分钟），以展示个人能力和营队领导力为主题。

CEO竞选评分表

序号	项目	满分	得分
1	精神风貌	10	
2	语言感染力	10	
3	礼貌得体	10	
4	组织能力、领导力	20	
5	团体合作力	20	
6	学习能力	10	
7	思维敏捷度	10	
8	特长	10	
总分			

经过大众评分，分数由高到低，推选出4名营队CEO分别为：

(1)________________

(2)________________

(3)________________

(4)________________

2. 抢营员大战。

提示：

- 请各CEO为招募到心仪的营员制作一份精美的海报，主题和内容由CEO自拟。海报中应包含小组宣言、小组目标、对组员的要求等基本要素。海报呈现形式可以多样，既可以是手绘，也可以是电脑制作易拉宝。
- 班级同学为自荐进入心仪的营队而制作一份精美的自荐书，并通过面试进入对应营队，如果未被选入营队的，由老师指派入营。

自荐书

Letter of self recommendation

【任务二】创新思维训练营开营啦

创新思维训练营旨在培养学生们的创造精神与实践能力，通过各种活动的设计帮助营员拓展和提升逻辑思维、应变思维、形象思维、发散思维、联想思维、逆向思维和辩证思维等思维能力。应变思维力的提升，可以帮助我们“跳出”常规的方式去解决问题；提升形象思维力有助于发现、探究和创造；培养发散思维能力，会为随后的收敛思维提供尽可能多的解决方案，激发头脑中创新活动的源动力。

1. 应变思维训练——请用“八根火柴”摆出一个菱形。

提示：

菱形的每边只能用一根火柴。

“八根火柴”摆一摆

1	活动目的	面对一个问题，人们往往会按照惯有的思维去思考。希望通过这个游戏，可以拓展学员解决问题的应变思维，引导学生多角度思考问题
2	场地要求	室内
3	时间安排	8 分钟（火柴摆拼限时 3 分钟，分享 5 分钟）
4	参与人数	集体参与
5	材料准备	人数 8 倍的火柴
6	步骤流程	（1）设计时员 1 名：计时发令；观察员每组 1 名：观察和裁定；讲解员 1 名：讲解游戏要求和最后总结
		（2）每组 5~6 人。发给每个学员八根火柴。讲解员说明游戏规则：在最短的时间内用所发的八根火柴拼出一个菱形，并且菱形的每个边只能使用一根火柴
		（3）听到口令后，学生们开始用火柴拼菱形，完成的学生迅速举手示意本组观察员，并由计时员计时
		（4）每组的观察员在一旁观察，并最终评选出用时最少且符合要求的学生
		（5）组内讨论：请成功完成任务的学生讲一讲他们的思路，没有完成任务的学生谈一谈失败的原因
		（6）讲解员总结：答案其实很简单，就是用八根火柴拼成“一个◇”。它们的笔画正好是横平竖直的八根火柴代替。面对问题，我们要学会拓宽思维，不走寻常路
7	活动心得	

2. 形象思维训练——我眼中的多变图形。

我眼中的多变图形

1	活动目的	利用可塑性强的有趣图形，激发学生们的形象思维力，并引导他们学会举一反三
2	场地要求	不限
3	时间安排	40 分钟（对于个别非常有创造力的学生，时间可以适当延长，以更好地激发他们的创造力）
4	参与人数	集体参与
5	材料准备	一些现成的图形和一些不完整的图形（纸质、点子图片均可）
6	步骤流程	（1）讲解老师呈现一些现成的图形，可以是一个商标或一幅图，并向所有学生讲解形象刺激法，激发他们的想象力
		（2）提供给同学们一些不完整的图形，请同学们发挥想象，补充图形
		（3）提供给同学们一些图形，请同学们发挥想象，说出这些图形代表的含义和自己的联想
		（4）集体讨论：比较参考答案和同学们所给出的答案，哪些是同学们的奇思妙想，又有哪些是同学们没有答到的，这种现象说明了什么
		（5）老师讲解：这里所介绍的形象刺激法只提供了很少一部分道具。实际生活中，我们可以接触到丰富多彩的道具。只要我们善于观察和思考，就能使我们的创造力得到无限的激发
7	活动心得	

3. 形象思维训练——说一说“一个空矿泉水瓶子”的故事。

一个空矿泉水瓶的故事

1	活动目的	以一个空矿泉水瓶为媒介，激发学生们的发散性创造思维，鼓励他们更有创造性地发现和解决问题
2	场地要求	室内
3	时间安排	10 分钟
4	参与人数	集体参与，5 人一组
5	材料准备	一个空矿泉水瓶，记录本
6	步骤流程	（1）讲解老师呈现一个空矿泉水瓶，给学生们 2 分钟时间进行关于这只水瓶的肆意想象
		（2）每组设记录员 1 名。记录员负责记录本组学生的所有想法。5 分钟头脑风暴后，推选出本组中最新奇的一些想法参加组际交流和评选
		（3）集体评选出想法最多、最奇特的小组，授予“奇思妙想”奖章
		（4）老师讲解：思维的奇特性令人感叹，发明往往源于异想天开
7	活动心得	

【任务三】大家一起赛

“环保创意秀”以践行低碳绿色生活为主题，鼓励全校师生结合家庭、学校和社区生活实际，从日常环保新举措、节水节电小窍门、防污减排新策略、环保节能新思路等方面，贡献“环保小发明”“环保小创意”“废物利用小点子”，举办“环保服装秀”来增强环境意识，投身于环境保护。

1. 评一评：各营队的“环保金点子”。

提示：

- 请将创意金点子以电子表格的形式发送至指定邮箱。
- 各营队创意点子不得少于3个，如作品为“小发明”实物类，需提交作品。
- 每个点子将通过学校网络投票得分与大赛评委评审得分加权计算出总得分。最终总得分排在前5名的点子被评为“环保金点子”，并进入路演环节。

环保“金点子”

金点子营队		金点子类型	思路想法类（　） “小发明”实物形式（　）
聚焦的问题			
改善方式			
预期效果 / 已有实践效果			
优势			

2. 晒一晒：请各营队为各自入围的“环保金点子”制定一份路演准备方案，并按时参加路演活动。

提示：

- 各营队可寻求外援指导。
- 每个点子将再次通过学校网络投票得分与大赛评委评审得分加权计算出总得分。最终评选出“最具人气金点子”、“最具创意金点子”和“最易操作金点子”。

路演准备方案

序号	准备内容	人员安排	注意事项
1	路演演讲	小李	一定要讲清楚是什么、做什么、要什么
	路演演讲		
	路演 PPT 制作		
	项目计划书		
	……		

3. 环保倡仪行——开展“我型我秀”环保服装展演活动。

提示：

- 充分发挥想象力，利用身边随手可得的材料，如报纸、布料、旧衣服、树叶、环保袋等物品，设计服装和道具，并配有展演音乐。
- 作品形象健康环保、生动活泼，创新有亮点。可以由个人单独完成或由团队合作完成，团队不得超过五人。
- 需提交电子版《服装创意说明书》至指定邮箱。
- 服装及道具简图可手绘，也可提交电子稿。
- 评分标准：服饰设计50分；个性创意20分；舞台表演20分；解说10分。

服装创意说明书

作品名称		营队名	
服装及道具创作简介			
服装及道具所使用材料说明			
创意亮点			
配乐说明			
服装及道具简图			

活动评价与总结

评价项目	具体内容	评价等级		
		☆☆☆	☆☆	☆
知识积累	心理免疫 X 光片的理论			
	活动策划方案的撰写			
	海报的设计与制作			
	环保相关知识			
能力增长	能够按计划合理规划和有效利用自己的时间			
	能够多途径、多角度寻求解决问题的方法			
	能够带领团队按时、保质、保量完成工作任务			
	能够与时俱进，不断产生新思想、新观念、新创意			
	能够结合实际问题进行分析和辨析，并作出正确的决策			
	能够在活动中大胆展示自己			
素养提升	养成自主学习、勇于探究的学习品质			
	增强对创新创业意识的认识			
	提高科学文化素养			
	增强团队合作精神、竞争与危机意识			
心得体会：（可以从多个方面撰写，例如收获、不足、今后努力方向及打算）				
教师评语：				

注：☆☆☆代表非常好；☆☆代表较好；☆代表一般。

第五篇

融 入 职 场

主题活动一：企业文化　入脑入心

活 动 背 景

学业生涯眨眼间就会结束，迎来人生的职业生涯！无论你的学业生涯怎样，都将成为一道美丽的风景线，留在记忆里，酝酿出美好的回忆。从学业到职业，这是一个转角也是一个转折，更是一个新的起点。站在新的起点，踮起脚看看自己的职业之路，让人充满向往和希望。此时的我们，即将脱下校服穿上职业装，首先要理解角色的转变，抓住机会，让自己尽可能多地积攒实践工作经验，为自己即将迎来的职业生涯积蓄足够的能量，较好地定位自己的职业信念，选择适合自己的企业，尽快适应并融入职场，实现自己人生的职业价值。

活 动 目 标

1. 尽快完成角色转变，积累宝贵的实习经验，尽早树立正确的职业信念。

2. 通过实习努力提升自己的职业选择能力、职业适应能力，在毕业后步入职场时能够正确选择适合自己的企业，尽快融入职场。

3. 遵守职业道德，奉献社会，实现职业价值，设定自己的追求目标。

4. 通过团队活动，享受到团队的乐趣，感受到团队的力量，感悟到团队的智慧，更加善于沟通融入、团结合作，增强竞争意识与危机意识。

活 动 安 排

活动名称	主要活动内容	活动时长
择业，又一次成长	转变角色从实习开始	10周
	企业文化知多少	
	我的择业观	
团队为赢	不倒的团队	3周
	不竞则退	
	居安思危	

活动一　择业，又一次成长

活动描述

职业生涯是一个人一生中非常重要的一段人生历程，历时30~40年，甚至更长，但很少有人去认真地规划，多是走一步看一步，不知不觉时间已经过去了很多，才发现自己没有好好地规划自己的人生，此时亡羊补牢为时未晚，有人开始为自己的人生进行及时地规划；而依然有人盲目地生活着，不知不觉走到了退休，步入晚年，人生的收获或许只有日复一日的工作，而没有在职业生涯的工作中收获应有的职业价值。因此，作为一个从学业生涯即将步入职业生涯的你一定要及早规划好自己的职业生涯，并不断地去修正，相信在若干年后你除了收获工作以外，还会收获工作给你带来的职业价值。

活动过程

【任务一】转变角色从实习开始

实习是一种课堂教育和社会实践相结合的理论联系实际的重要学习方式，是应用和巩固所学专业知识的一项重要环节，其目的是为了增强实践能力、培养分析问题、解决问题及综合运用所学基础知识和基本技能的能力。在实习期间一定要尽快完成从学生到实习生的角色转变，做好实习前的准备工作，做好实习中的岗位工作，做好实习后的心得总结，初步定位好自己的职业信念，做好向职业生涯的过渡，这样实习才会更加有意义，才能收获更多。

1. 做好实习面试的准备。

实习面试准备事项列表

<table>
<tr><td>实习单位</td><td colspan="3"></td></tr>
<tr><td>地点</td><td colspan="3"></td></tr>
<tr><td>面试时间</td><td></td><td>上班时间</td><td></td></tr>
<tr><td>交通</td><td colspan="3"></td></tr>
<tr><td rowspan="2">实习单位
企业文化</td><td>1.</td><td>3.</td><td rowspan="2">备注说明</td></tr>
<tr><td>2.</td><td>4.</td></tr>
</table>

续表

心理准备	主动积极 □	加油 □	
知识准备	充分 □	尚可 □	
个人简历	已撰写 □	待撰写 □	
自我介绍	已撰写 □	待撰写 □	
面试 / 工作服装	已准备 □	待准备 □	
面试技巧	已学习 □	需学习 □	
面试材料	1.	4.	
	2.	5.	
	3.	6.	
疑难问题 “取经老法师”	收获：		
其他注意事项	1.	3.	
	2.	4.	
面试心得：			

2. 实习心得交流。

约5~6位好朋友一起谈一谈在实习期间经历的事、遇到的困难、解决问题的办法、职业信念等，写下来以更好地去理解思考！

实习心得交流表

交流地点：			交流时间：
序号	姓名	实习单位	实习心得
1			
2			
3			
4			
5			
6			

你的实习心得：

____

____

____

____

职业信念：

____

____

____

____

【任务二】企业文化知多少

企业文化是在一定的条件下企业生产经营和管理活动中所创造的具有该企业特色的精神财富和物质形态。它是企业生存、竞争和发展的灵魂，是推动企业发展的不竭动力，是企业个性化的根本体现，它代表企业共同的价值判断和价值取向，它关系到企业的公众形象、公众态度、公众舆论和品牌美誉度，优秀的企业文化对社会乃至环境发展都有积极的影响作用。

企业文化构成要素、构成层次

企业文化构成要素是由美国管理学特雷斯·E.迪尔和阿伦·A.肯尼迪在《企业文化——现代企业的精神支柱》一书中提出，它包括企业环境、价值观、英雄人物、礼仪仪式和文化网络五要素。企业文化构成层次是指企业文化系统内各要素之间的时空顺序、主次地位与结合方式。企业构成要素和构成层次的具体内容见下表。

企业文化构成要素和构成层次

<table>
<tr><th>构成要素</th><th>构成层次</th></tr>
<tr><td>企业环境</td><td>表层：物质文化</td></tr>
<tr><td>企业环境是指企业的性质、企业的经营方向、外部环境、企业的社会形象、与外界的联系等方面</td><td>物质文化称为“企业硬文化”，是一种以物质形态加以表现的表层文化，包括生产环境、厂容厂貌、机械设备、产品包装造型、广告、商标、营业环境等具体实物所承载的文化</td></tr>
<tr><td>价值观</td><td>浅层：行为文化</td></tr>
<tr><td>价值观是企业文化的核心，统一的价值观使企业内成员在判断自己行为时具有统一的标准，并以此来决定自己的行为</td><td>行为文化是从制度层衍生而来的具体表现，是指企业经营、教育宣传、人际关系、文娱体育活动中产生的文化现象</td></tr>
<tr><td>英雄人物</td><td>中间层：制度文化</td></tr>
<tr><td>英雄人物是指企业文化的核心人物、榜样人物或企业文化的人格化，对企业文化的形成和强化起着极为重要的作用</td><td>制度文化是在生产经营实践活动中所形成的各种规定，对人的行为带有强制性，并能保障一定的权利，主要包括领导体制、企业组织机构、企业管理制度三方面</td></tr>
<tr><td>礼仪仪式</td><td>核心层：精神文化</td></tr>
<tr><td>礼仪与仪式是指企业内的各种仪式、典礼、表彰、奖励、聚会以及文娱活动等</td><td rowspan="3">精神文化称为“企业软文化”，是企业生产经营过程中受一定的社会文化背景、意识形态影响而长期形成的一种精神成果和文化观念，是企业文化的核心与灵魂，包括企业精神、企业经营哲学、企业道德、企业价值观念、企业风貌等内容，是企业意识形态的总和</td></tr>
<tr><td>文化网络</td></tr>
<tr><td>文化网络是指非正式的信息传递渠道，主要是传播文化信息，它所传递出的信息往往能反映出职工的愿望和心态</td></tr>
</table>

1. 请介绍实习单位的企业文化。

提示：

可通过实地考察或网络/书籍来了解企业文化。

企业文化记录表

企业名称	
企业地址	
所属行业	
企业文化	请描述一下该公司的企业文化：
理由	请描述一下你喜欢该公司企业文化的理由：

2. 如果你实习的公司正准备开展一次企业文化节主题活动，活动中员工需要穿着有文化节特色的T恤，请你设计一件能体现公司企业文化和文化节主题的T恤衫。

__________公司企业文化节主题活动T恤衫设计图样表

主题活动名称	
设计者	
设计思路	
T恤衫设计图样	

【任务三】我的择业观

职业价值观是指人生目标和人生态度在职业选择方面的具体表现，是一个人对职业期望的追求和向往，对职业方向的认识和态度，决定着一个人的职业目标、择业动机、工作态度、劳动绩效水平以及职业发展情况。

1. 请实地采访或网络搜索，了解四位你喜欢的职业榜样人物的职业价值观，并阅读两本职业榜样人物传记，看看他们的职业价值观是什么，有什么共同之处。

榜样人物职业价值观记录表

序号	人物简介	职业描述	职业价值观
1			
2			
3			
4			
他们的职业价值观共同点是：			

2. 通过学业生涯、实习体验和对企业文化、职业道德、职业价值观等的学习认识，请你结合实际，为自己制定一份职业生涯规划。

提示：

可用文字或思维导图呈现。

活动二　团队为赢

活动描述

团队（Team）是由多人组成的一个共同体，它合理利用每一个成员的知识和技能协同工作、解决问题，以达到共同的目标。寻找一个志同道合的团队，在团队活动中体验诚信诚实、尊重信任、协作支持，推动我们快速融入集体，体验团队的凝聚力和团队的执行力等的建设，最大限度地开发创作潜能，增进问题解决的创意，增强团队前进的动力，更快地达成团队的目标，实现自己的目标！

活动过程

【任务一】不倒的团队

一个优秀的团队，最重要的就是团结合作，一个优秀团队中的个人，最重要的就是相互团结合作，不但要团结和自己意见相同的人，而且要善于团结和自己意见不同的人，还要善于团结反对自己并且已被实践证明是犯了错误的人。

1. 拓展活动——团队是我家。

杯中水——思自我，融团队

	事项	内容
1	背景目的	一杯水就如一个团队，一个人对于团队的作用就如墨汁、糖、石子，选择成为哪一种很重要；一个人的行为会影响整个团队。如果你是墨汁，整个团队因你而浑浊；如果你不融于团队，就如石子不溶于水一样，但石子投入水的一瞬间依然会溅起水花；希望你是一粒甜蜜的“糖”，为团队发挥糖的作用，为团队带来甜蜜幸福、荣誉进步
2	场地要求	教室或工作室
3	时间安排	40~60 分钟
4	参与人数	每组 4 人以上，或一个班级，或一个合作团队
5	材料准备	（1）三杯清澈的水、墨汁、糖、石子，可准备 2~3 套。 （2）桌子每组 1 张
6	步骤流程	（1）将三杯清澈的水、墨汁、糖、石子放在桌面上
		（2）团队成员围坐在桌子周围，主持人邀请团队成员（可以有针对性的，比如平时缺少或富有团队意识的，或者因个人关系为团队荣誉带来影响的）猜一猜要做什么实验
		（3）让该成员选择一样物品投入一杯水中，观察变化，然后邀请其他成员品尝味道，评论感受，主持人可启发式引导
		（4）重复做（2）（3），直至把另外两样物品都投入水杯中
		（5）整理场地用材
7	活动小结	

2. 拓展活动——不倒的森林。

"不倒的森林"——不倒的团队

	事项	内容
1	背景目的	当一个人置身于团队中时，就不能只想着自己不顾及他人，也不能只顾及眼前不顾及身后，一定要对团队负责，学会相互照顾，团结合作；一定要与团队保持默契，跟紧团队的脚步节奏，不拖后腿，团队才会持续不断地向前进步
2	场地要求	户外开阔的平整场地
3	时间安排	40~60 分钟
4	参与人数	3 人以上，人数越多完成难度越大
5	材料准备	1 米左右短细棍（或羽毛球拍）若干
6	步骤流程	（1）计时主裁判 1 名：计时发令，执行裁判每 组 1 名：监督裁定。 （2）分小组或整个团队前后间隔 1 米围成一个圆圈，右手或左手（方向要保持一致）扶棍（羽毛球拍拍头朝下，把端朝上）立直，手掌张开平按在顶端。 （3）听到口令后右手离开自己的棍子迅速去接按前面的短棍，使短棍不倒在地上，在接前面的短棍时手要轻巧地离开自己的短棍，尽量不要推倒自己的短棍影响后面人接按自己的短棍。 （4）可设计比赛，先练习后比赛，挑战棍子不倒地连续成功的次数，先完成用时少者获胜。 （5）整理场地用材
7	活动小结	

【任务二】不 竞 则 退

竞争意识是以个人或团体力量力求压倒或胜过对方的一种心理状态，它是现代社会中个人、团体乃至国家发展过程中不可缺少的心态。竞争意识是一种力量与能量，它能够提醒你有强大的对手在等着你，使你带有不服输的劲头，让你胜不骄败不馁；内心有竞争意识的人，才会更加精神振奋、奋发图强、努力进取，向着自己的梦想奔跑，促进事业的发展与成功！

拓展活动——“书”送梦想。

“书”送梦想——不竞则退，难圆梦

	事项	内容
1	背景目的	每个人心中都有梦想，对于学业你有梦想，对于即将迎来的职业生涯你心中也肯定怀揣着梦想。但无论在学业还是在职业梦想的路上，如果你不竞，你就不进，如果你不努力奔跑追逐梦想，你就会离梦想越来越远，最终有可能难圆自己心中的梦想
2	场地要求	教室（课桌靠边摆放）或形体房等
3	时间安排	40~60 分钟
4	参与人数	3~6 人 / 组，小组人数越少难度越大，小组数越多竞争越激烈
5	材料准备	（1）16 开书 1 本 / 人（2）乒乓球 1~2 个 / 组。 （3）标签贴 1 张 / 人（4）“梦想盒” 1 个 / 组
6	步骤流程	（1）计时主裁判 1 名：计时发令，执行裁判 1 名 / 组：监督裁定。 （2）分小组，每组 3~6 人，将每个人的梦想写在标签贴上，贴在 1~2 个乒乓球上（两个难度更大，每组数量必须统一，可先完成一个，待一个熟练后再挑战两个），标签要贴平整。 （3）小组所有人排成一纵队，排头站在起点线后，起点终点相距 5~6 米，每个人将自己的一本 16 开书卷曲成 U 形书槽，使书槽与书槽依次相连接，形成一个更长的 U 形书槽运送通道。 （4）计时裁判发令：说开始或哨声响后，开始计时。听到发令后，队尾的小伙伴将一个（如果是两个乒乓球可以根据每一组的战术在开始后选择适当时机和位置放球）写着小组每个人梦想的乒乓球开始放入自己的书槽，然后快速跑向排头接力，依次循环推进，通过 U 形书槽把梦想运送到终点的梦想盒里。 （5）执行裁判监督每一组的进度，球在中途掉落须迅速回到起点重新开始（如果是两个乒乓球，一个乒乓球落地，可继续运送另一个，但掉落的乒乓球必须回到起点重新开始）。 （6）根据时间长短，先把梦想运送到梦想盒里者获胜。 （7）整理场地用材
7	活动小结	

【任务三】居 安 思 危

当今社会竞争越来越激烈，不论作为企业还是个人，都应该保持足够的危机意识，懂得居安思危、未雨绸缪。作为个人一定要跟得上企业快速发展的脚步，不断地积累知识，不断地提高自己的技能，不断地充实自己，你才能与企业同成长共命运。

拓展活动——玻璃球金字塔。

“玻璃球金字塔”——临危不乱

1	背景目的	危机与自由和高度总会并存。每一个人都希望得到自由，那么自由究竟该怎么理解呢？团队的高度要怎样做才能更有高度呢？很多时候当你获得了最大的自由，获得了一定的高度，你所面临的危机也正在一步步地逼近你，你一不小心就会“满盘皆乱”，所以你必须时刻保持谨慎，懂得约束自己；一个有约束的团队才能够达到更高的高度，高度越高，牢固的根基越重要，规则和制度越重要，有约束的自由越重要，危机意识越重要，一个人的成长发展亦是如此
2	场地要求	教室或工作室等
3	时间安排	40~60 分钟
4	参与人数	每组 4 人以上，人数越多完成难度越大
5	材料准备	（1）玻璃球 1 粒 / 人（放于保密盒内） （2）毛巾或纸筒等其他物品若干（要保密，以启发成员思考方法） （3）桌子 1 张 / 组，放平稳
6	步骤流程	（1）计时主裁判 1 名：计时发令，执行裁判 1 名 / 组：监督裁定。 （2）将玻璃球装入保密盒里让大家猜猜盒子里装的是什么。 （3）打开装玻璃球的盒子每人拿一粒玻璃球，要求大家把手里的玻璃球共同堆积在桌面平台上，越高越好。 （4）因为玻璃球的圆滑和层数的增多，需要每一个人都必须小心翼翼地堆放自己的玻璃球，当无法完成一定或指定的高度时，应启发大家思考造成这个结果的原因是什么，是否可以借助其他辅助物品才能使金字塔堆积得更高，让大家自己想出解决危机的办法。 （5）可设计比赛，先练习后比赛，堆积层数多、用时少者获胜。 （6）整理场地用材
7	活动小结	

活动评价与总结

评价项目	具体内容	评价等级		
		☆☆☆	☆☆	☆
知识积累	面试的知识与技巧			
	企业文化的构成要素与构成层次			
	企业文化建设的构成要素与具体内容			
	职业道德的内容			
	职业价值观的种类			
能力增长	能够主动地寻求解决问题的方法，多途径搜集信息、辨识信息、整理信息、应用信息			
	能够自如地应对入职应聘与面试			
	能够成功地进行调查与采访			
	能够完美地策划与安排各项活动			
	能够快速准确地了解一个企业的企业文化			
	能够合理地规划自己的未来职业生涯			
	能够很快地适应职场变化，很好地融入职场			
素养提升	树立正确的职业信念			
	具备良好的职业道德思想			
	拥有正确的职业价值观念			
	增强团队合作精神、竞争与危机意识			
	养成积极主动善于沟通、思考、分析、总结生活与工作的习惯			
心得体会：（可以从多个方面撰写，例如收获、不足、今后努力方向及打算）				
教师评语：				

注：☆☆☆代表非常好；☆☆代表较好；☆代表一般。

主题活动二：职面未来　勇往职前

活 动 背 景

不知不觉你的学习生活快要走向尾声，就业是摆在你面前的一个挑战。经过了实习的生活，相信你对企业的文化已经有了一定的了解。毕业在即，在人生的又一个十字路口，你的选择将决定你未来很长一段时间的人生轨迹。充满期待又举棋不定也许是你现在的心理状态。怎么找工作，找什么样的工作，也许是你现在面临的最大挑战。种种迷茫和焦虑告诉我们做好充分的调查和准备才能让你减少压力，在就业时占得先机。通过本次主题活动希望你可以耐心细致地做好调查，理性地分析自己的特点和优势，充分周到地做好准备以应对择业问题，并由内而外地做好入职的准备，开启你的职业新生涯。

活 动 目 标

1.通过对招聘信息从广泛到有针对性的调研，了解市场的招聘情况，分析企业对人才的要求，培养调研分析判断能力。

2.通过简历和求职信的撰写，提高逻辑思维能力和语言综合运用能力。

3.通过应聘和面试，提高语言表达能力和人际交往能力。

4.反思、回顾和比较自己的职业规划和职业现状，及时总结自己的优缺点，提高总结反思能力；通过悦纳自我的团队拓展活动，树立专业学习自信心。

5.通过人际交往的相关活动和针对性辅导，提高人际交往能力和团队协作精神。

6.通过入职前的全面准备工作使自己尽快融入职场，培养职场敬业精神。

活 动 安 排

活动名称	活动主要内容	活动时长
就业，你准备好了吗？	我的求职志愿表	6周
	撰写简历和求职信	
	应聘和面试	
未来已来 逐梦前行	反思回顾 悦纳自我	4周
	勇于交流 融入职场	
	入职，你准备好了吗？	

活动一 就业，你准备好了吗？

活动描述

经过三年的学习，你的学习生活已经进入尾声。此时的你一定想知道进入社会后自己究竟能做什么样的工作，喜欢做什么样的工作。面对庞大的人才市场，你是否会感到茫然不知所措，倍感压力，不知从何处下手？即将进入新的人生阶段，我们也要不慌不忙，做足准备。

活动过程

【任务一】我的求职志愿表

俗话说：知己知彼，百战不殆。进入找工作的阶段，第一步是要进行充分的招聘信息收集。自己适合或者心仪的工作岗位是什么？这些岗位有哪些要求？公司的哪些优势让你心动？只有了解了这些信息，才能在后续的求职准备中更加有针对性。

1. 求职信息大搜罗，请收集 10~15 个你心仪的工作岗位，填入下列求职志愿表中。

提示：

- 注意招聘信息渠道的权威性和安全性。
- 可以登录网上的各类招聘信息平台、公司官网搜索相关行业招聘信息，也可从学校毕业生就业主管部门或参加各类人才招聘会来获得就业信息。

求职志愿表

序号	公司名称	岗位名称	岗位职责	任职要求	喜欢该岗位的原因
1					
2					
3					
4					
5					

续表

序号	公司名称	岗位名称	岗位职责	任职要求	喜欢该岗位的原因
6					
7					
8					
9					
10					
11					
12					
13					
14					
15					

2. 基于你对以上这些公司、岗位职责及任职要求的调研，分析评估一下自己的实力。

提示：

- 教育背景：包括学历、专业课程、学习表现、技能证书、获奖情况等。
- 实践经历：包括学生会、社团、志愿服务、实习等各项实践活动情况。
- 自我评价：包括性格特点、做事风格、职业目标等。
- 其他：包括与岗位工作相关的兴趣爱好、生活技能等优劣势。

实力分析表

教育背景	实践经历	自我评价	其他

【任务二】撰写简历和求职信

有了前期对心仪岗位的全面调查和对自身实力的评估分析，同学们是否跃跃欲试，想要和招聘单位面对面了呢？别急，为了让用人单位能够清楚地知道你们确实适合这份工作，简历和求职信的精心准备是非常重要的环节。因为它们是评判和考察求职者的一面镜子，绝不能马虎。

1. 请为自己准备一份简历。

提示：

准备简历时大致要把握以下几点：

- 详略得当：刚毕业的学生要写清自己求学经历、专业课程以及相关的实践情况，这些都是你应聘时的加分项。
- 行文得体：杜绝错别字、标点符号等错误，排版清晰美观，切忌太过花哨。
- 诉求明确：把求职单位最为关注的信息放在显要位置；针对不同的招聘单位和招聘岗位，简历可稍有不同。

个人简历

个人资料

姓　　名：	政治面貌：	照片
出生年月：	民　　族：	
性　　别：	手　　机：	
学　　历：	邮　　箱：	

教育背景

主修课程

实践经历

计算机水平及其他技能

自我评价

2. 请准备一封求职信。

提示：

- 格式要符合专用书信格式，一般包括标题、称谓、正文、结尾和落款几个部分。
- 注意根据用人单位的招聘信息来撰写，要有针对性。
- 写完后寻求语文老师或就业指导老师帮助修改或优化。

求 职 信

尊敬的 ×× 公司人事部经理：

我从 ××× 处得知贵公司要招聘 ×××× 岗位，特冒昧写信应聘。

____
____
____
____
____
____。

____
____
____
____
____
____。

我的个人简历及相关材料一并附上，如能给我面谈的机会，我将不胜感激。

联系地址：

联系电话：

此致

敬礼

求职人：×××

×××× 年 ×× 月 ×× 日

【任务三】应聘和面试

纸上得来终觉浅，绝知此事要躬行。明确了心仪的工作，准备好了自己的求职简历和求职信，就可以开始正式的求职过程了。招聘会就如同是供职者和求职者之间的相亲大会，让你亲身体验到招聘的相关信息，比如招聘力度、企业文化、其他应聘者情况。在这样的“近距离接触”之后，你会对其所在的行业、领域、企业文化、人际氛围、招聘流程以及职场规划都会有或多或少、或深或浅的感性认识。

1. 参加招聘会，填写记录表。

提示：

- 招聘会前调查好招聘会的时间、地点、招聘规模以及有哪几家心仪单位。
- 带好自己的简历、求职信、成绩单、技能证书、荣誉证书、获奖证明、证件照以及代表作品等，根据招聘会的规模多带几份。
- 注意着装正式，发型干练，精神饱满。

招聘会参加情况记录表

序号	事项	完成情况（✓）
1	招聘会前期调查	
	招聘会时间：　　　　　　　　地点：	
	罗列心仪单位： 心仪单位 1：________，心仪单位 2：________， 心仪单位 3：________，心仪单位 4：________， 心仪单位 5：________，心仪单位 6：________。	
2	招聘会材料准备	
	简历 □　求职信 □　成绩单 □　技能证书 □ 荣誉证书 □　获奖证明 □　证件照 □　代表作品 □ 其他：________________。	
3	参加招聘会形象准备	
	正装 □　发型 □ 修饰 □　精神状态 □	
4	参加招聘会会后记录	
	投出简历份数： 匹配指数较大的单位： 单位 1：________　单位 2：________ 单位 3：________　单位 4：________ 现场了解到的有用信息： 第 1 条：________________ 第 2 条：________________ 第 3 条：________________ 第 4 条：________________ 第 5 条：________________	
5	参见招聘会后反思记录	
	优点： 第 1 条：________________ 第 2 条：________________ 第 3 条：________________	
	不足： 第 1 条：________________ 第 2 条：________________ 第 3 条：________________	
	改进措施： 第 1 条：________________ 第 2 条：________________ 第 3 条：________________	

2. 面试前的准备工作。

面试问题准备

序号	问题	准备资料
1	自我介绍	
2	你为什么要应聘我们公司	
3	你觉得你为什么适合这份工作	
4	你觉得你有哪些优点和缺点	
5	介绍一下你之前实习的内容，你有哪些收获	
……		

3. 模拟面试。

提示：

- 可以找有面试经验的家人、老师等作为面试官模拟面试。
- 查阅资料，全面了解该招聘单位的相关信息，包括企业文化、企业特色、经营状况等；再次确认该单位所招聘的岗位及其职责。
- 带好简历、求职信、证件照以及其他相关证明材料。
- 注意着装正式，发型干练，精神饱满。
- 准备好一段3分钟左右的自我介绍，并对招聘单位可能提出的问题做好准备。

模拟面试记录单

应聘企业名称		
应聘岗位名称		
模拟面试官		
模拟问题	回答	回答时须注意的点
1. 请你作一下自我介绍		
2. 你为什么要应聘我们公司		
3. 你觉得你为什么适合这份工作		
4. 你觉得你有哪些优点和缺点		
5. 介绍一下你之前实习的内容，你有哪些收获		
⋮ （会后自行补充完整）		

活动二　未来已来 逐梦前行

活动描述

在招聘市场上一段时间的“摸爬滚打”之后，你应该对就业的市场有了一定的了解，也更清楚自己的定位。也许现在工作已经离你很近了，或者你已经找到了自己心仪的工作。表面上就业的过程只是一个找工作的过程，但其实不断地“寻寻觅觅”也是一个寻找自我的过程。你增长了经验，也吸取了一些教训，你明白了自己的优势，也看清了自己的短板。面对未来，你可能惶惑不安，也可能信心满满。无论你的变化如何，都请悦纳自己，满怀信心，勇往直前。

活动过程

【任务一】反思回顾，悦纳自我

在即将迈入就业岗位之际，你是否回想过入学不久给自己制定的职业规划，你当初对自己的职业设想是否已经实现？你在哪些方面获得了成长，哪些方面还可以更近一步？这种阶段性的反思是一次重新审视自己的机会。了解自己的优势和不足，才能在新的起点重新出发。

1. 当初的目标，你都达成了吗？请在表格中相应的选项中打“√”。

提示：

拿出自己的职业规划与自己作对照。

评价项目	非常符合	符合	一般	不符合
我做到了职业生涯规划中对自己学习的要求				
按照规划，我提高了自己的实践经验				
按照职业规划，我的技能水平大大提高				
我离自己的职业目标越来越近了				
我已经实现了自己的职业目标				
……（根据自己的职业规划自行补充）				

2. 鼓励自己，反思自己。

（1）哪些方面没有按照规划的方向发展？为什么？

____

____

（2）三年里，你哪些方面做得比较好，这得益于什么呢？

____

____

（3）你的职业目标是否有所调整，做了哪些调整？

____

____

（4）为了实现你的目标，你准备从哪些方面努力，怎么努力？

____

____

3. 拓展活动——悦纳自我。

“你好我好”——悦纳自我

1	背景目的	俗话说，人无完人。每个人都不足，但同时也都有自己的优点。但是心情低落的情况下，人往往会过度关注自己的不足。长此以往，会影响自信心。通过团队互建信任、互说优点的活动，让学生意识到在他人眼中自己的优点，从而达到肯定自己，悦纳自己的目的
2	场地要求	教室（课桌靠边摆放）、形体房、运动场等 20 平方米以上的平整场地
3	时间安排	40~60 分钟
4	参与人数	5~8 人 / 组
5	材料准备	抱枕或软布玩偶若干、活动单若干份，保证在场学生每人至少一份
6	步骤流程	1）信任举人 （1）组内轮流选择被举起成员，被选成员闭上眼睛，全身放松躺着，由其他成员分别支撑头、肩、背、腰、臀部和双脚，同时举起，绕活动室走一圈。 （2）成员逐一体验被举的感觉。 （3）成员彼此分享举人和被举过程中的感受 2）优点轰炸 （1）利用活动单写下其他成员的优点。 （2）成员逐一到团体中间，轮流接受其他成员的优点轰炸。 （3）成员分享被轰炸的感受及想法。 （4）以丢掷抱枕方式，将抱枕丢给另一人，在丢之前要先说：“姓名 A 要将抱枕丢给 + 优点 + 姓名 B。”必须要说出对方的一至二个优点，才能将抱枕丢出去，以此类推，直到所有同学都被“优点轰炸” 3）结束活动 （1）学生分享团体活动感受。 （2）心理辅导老师作活动分析和点评
7	活动感受	

【任务二】勇于交流，融入职场

融入团队对刚步入职场的新人是一项很重要的能力，考验一个人的适应能力。一个缺少融入感、没有融入团队意识的人，无论在哪里工作，都会存在巨大的失落感，很容易迷失自己，游离于团队之外，对团队利益不再关心，对同事没有兴趣，久而久之就容易被排挤在团队核心圈之外。因此，我们每一个人都要努力提升自己的适应能力、融入能力，以使自己能够快速融入团队，立足长远发展！

拓展活动——同心杆。

“同心杆”——用心沟通达目标

1	背景目的	把一根棍子放低，一个人做看似很容易的事，如果很多人一起去做却有可能比一个人做要困难。为什么呢？人多力量大，可若心不齐、力分散，是不是团队的力量还不如一个人的力量呢？团队需要领导人吗？如果团队遇到诸如上述的困难，该怎么解决呢？是通过沟通同心同力达成目标呢，还是相互抱怨指责让事情很难进展呢
2	场地要求	教室（课桌靠边摆放）、形体房、运动场等 20 平方米以上的平整场地
3	时间安排	40~60 分钟。
4	参与人数	10~12 人 / 组，人数或组数越多完成难度越大
5	材料准备	（1）直径 1 厘米的 PVC 管或轻质棍 3~4 根，长 2~3 米，棍子要直要轻。 （2）秒表一块
6	步骤流程	（1）计时主裁判 1 名：计时发令，执行裁判 1 名 / 组：监督裁定。 （2）每组 10~12 人，双脚左右开列，面对面成两排站在同心杆两边。 （3）相互握手致意问候：你好，加油。 （4）将手臂伸出，肘关节稍屈，一手或双手食指水平伸直与肩部同高。 （5）把同心杆放在每个人的食指上面，必须保证每个人的食指都要接触到同心杆，使同心杆保持水平。 （6）然后将同心杆水平往下移动，降到指定水平高度（腹部或距离地面 1 米），中途任何人的食指不可以离开同心杆，一旦离开重新开始。 （7）速度快者获胜，或在规定时间内完成者获胜。 （8）整理场地用材
7	活动感悟	

【任务三】入职，你准备好了吗?

此时的你是否已经收到单位的入职通知书了呢？也许下周你就可以穿着正装走向工作岗位了，经过了激烈的应聘面试和一段时间的内心调整，你是否信心满满、跃跃欲试了呢？不要着急，在即将入职之前，你还需要检查一下自己是否已经做好了充分的准备。

1. 请自查入职前的准备工作。

提示：

不同单位、不同的人情况有所不同，可以和单位人事部门工作人员核实。

序号	材料准备	其他准备工作
1	身份证原件及复印件（若干份）	你的作息是否作过调整，以适应新的工作
2	学历、学位证明原件及复印件（若干份）	你是否根据单位情况，做好个人形象准备（服装、发型等）
3	证件照若干张	你是否申领或购买了新工作所需要的设备
4	体检报告单（一般去公司指定医院）	你是否初步熟悉了新的工作环境
5	银行卡原件及复印件	你是否和新同事取得了初步的联系
6	党、团组织关系介绍信	你是否利用入职前的空余时间加强了新职位所需的关键技能
7	用人单位要求的其他相关材料	你是否从内心上已经把自己当成是新单位的一员了

2. 初入职场的你，请给自己制定一份年度职业目标。

我的年度职业目标

阶段	时间	目标
第一阶段	___年___月—___年___月	（适应环境，转变角色） 1. 2. 3. ⋮
第二阶段	___年___月—___年___月	（确立目标，积极进步） 1. 2. 3. ⋮
第三阶段	___年___月—___年___月	（完善自我，提高素质） 1. 2. 3. ⋮
……		

活动评价与总结

请结合主题活动二的总体完成情况和效果，来做一个评价吧！

评价项目	具体内容	评价等级		
		☆☆☆	☆☆	☆
知识积累	求职应聘的流程			
	简历撰写知识			
	求职信写作要点			
	入职材料准备			
能力增长	能够通过信息的广泛收集，分析对比，提取重点信息			
	能够针对企业需求和自身特点撰写简历和求职信			
	能够在应聘的场合流畅自信地表达自己			
	能够通过合理的沟通解决问题			
	能够在一个团队中找到自己的定位，较好地融入团队			
	能够根据自己的现状合理地给自己做规划定目标			
素养提升	树立正确的职业信念			
	具备良好的职业道德			
	拥有积极向上的职业价值观念			
	增强团队合作精神、竞争与危机意识			
	养成积极主动善于沟通、思考、分析、总结生活与工作的习惯			
心得体会：（可以从多个方面撰写，例如收获、不足、今后努力方向及打算）				
教师评语				

注：评价共设三个等级，☆☆☆代表非常好；☆☆代表较好；☆代表一般。